"十三五"国家重点图书出版规划项目
交通运输科技丛书·水运基础设施建设与养护

Regulation theory and technology for the branch channel
in the middle and lower Yangtze River

长江中下游分汊河段航道治理理论与技术

杨燕华　张华庆　张明进　程小兵　编著

人民交通出版社股份有限公司
北　京

内 容 提 要

本书针对新水沙条件下长江中下游分汊河段存在的滩槽格局调整剧烈、通航汊道交替时有发生、航道条件难以长期稳定的问题,开展长江中下游分汊河段航道治理理论与技术研究。全书共七章,内容包括:绪论、三峡工程运行后长江中下游河段航道响应规律研究、多汊通航条件下通航汊道选取及整治参数确定方法、长江中下游分汊河段滩槽格局调控工程区及工程措施研究、基于提高航槽冲刷效率的丁坝护底范围确定方法研究、长江中下游典型分汊河段生态航道建设技术探索、结论。

本书可供内河航道整治研究人员使用,也可供相关院校师生参考。

图书在版编目(CIP)数据

长江中下游分汊河段航道治理理论与技术 / 杨燕华 等编著. — 北京:人民交通出版社股份有限公司, 2020.6
ISBN 978-7-114-16511-5

Ⅰ. ①长… Ⅱ. ①杨… Ⅲ. ①长江中下游—航道整治 Ⅳ. ①U617

中国版本图书馆 CIP 数据核字(2020)第 072426 号

"十三五"国家重点图书出版规划项目
交通运输科技丛书·水运基础设施建设与养护
Changjiang Zhongxiayou Fencha Heduan Hangdao Zhili Lilun yu Jishu

书　　名:	长江中下游分汊河段航道治理理论与技术
著 作 者:	杨燕华　张华庆　张明进　程小兵
责任编辑:	牛家鸣　周　凯
责任校对:	赵媛媛
责任印制:	张　凯
出版发行:	人民交通出版社股份有限公司
地　　址:	(100011)北京市朝阳区安定门外外馆斜街 3 号
网　　址:	http://www.ccpcl.com.cn
销售电话:	(010)59757973
总 经 销:	人民交通出版社股份有限公司发行部
经　　销:	各地新华书店
印　　刷:	北京市密东印刷有限公司
开　　本:	787×1092　1/16
印　　张:	7.5
字　　数:	168 千
版　　次:	2020 年 6 月　第 1 版
印　　次:	2020 年 6 月　第 1 次印刷
书　　号:	ISBN 978-7-114-16511-5
定　　价:	80.00 元

(有印刷、装订质量问题的图书由本公司负责调换)

交通运输科技丛书编审委员会

（委员排名不分先后）

顾　问：王志清　汪　洋　姜明宝　李天碧

主　任：庞　松

副主任：洪晓枫　林　强

委　员：石宝林　张劲泉　赵之忠　关昌余　张华庆

　　　　郑健龙　沙爱民　唐伯明　孙玉清　费维军

　　　　王　炜　孙立军　蒋树屏　韩　敏　张喜刚

　　　　吴　澎　刘怀汉　汪双杰　廖朝华　金　凌

　　　　李爱民　曹　迪　田俊峰　苏权科　严云福

总　　序

　　科技是国家强盛之基，创新是民族进步之魂。中华民族正处在全面建成小康社会的决胜阶段，比以往任何时候都更加需要强大的科技创新力量。党的十八大以来，以习近平同志为核心的党中央做出了实施创新驱动发展战略的重大部署。党的十八届五中全会提出必须牢固树立并切实贯彻创新、协调、绿色、开放、共享的发展理念，进一步发挥科技创新在全面创新中的引领作用。在最近召开的全国科技创新大会上，习近平总书记指出要在我国发展新的历史起点上，把科技创新摆在更加重要的位置，吹响了建设世界科技强国的号角。大会强调，实现"两个一百年"奋斗目标，实现中华民族伟大复兴的中国梦，必须坚持走中国特色自主创新道路，面向世界科技前沿、面向经济主战场、面向国家重大需求。这是党中央综合分析国内外大势、立足我国发展全局提出的重大战略目标和战略部署，为加快推进我国科技创新指明了战略方向。

　　科技创新为我国交通运输事业发展提供了不竭的动力。交通运输部党组坚决贯彻落实中央战略部署，将科技创新摆在交通运输现代化建设全局的突出位置，坚持面向需求、面向世界、面向未来，把智慧交通建设作为主战场，深入实施创新驱动发展战略，以科技创新引领交通运输的全面创新。通过全行业广大科研工作者长期不懈的努力，交通运输科技创新取得了重大进展与突出成效，在黄金水道能力提升、跨海集群工程建设、沥青路面新材料、智能化水面溢油处置、饱和潜水成套技术等方面取得了一系列具有国际领先水平的重大成果，培养了一批高素质的科技创新人才，支撑了行业持续快速发展。同时，通过科技示范工程、科技成果推广计划、专项行动计划、科技成果推广目录等，推广应用了千余项科研成果，有力促进了科研向现实生产力转化。组织出版"交通运输建设科技丛书"，是推进科技成果公开、加强科技成果推广应用的一项重要举措。"十二五"期间，该丛书共出版72册，全部列入"十二五"国家重点图书出版规划项目，其中12册获得国家出版基金支持，6册获中华优秀出版物奖图书提名奖，行业影响力和社会知名度不断扩大，逐渐成为交通运输高端学术交流和科技成果公开的重要平台。

　　"十三五"时期，交通运输改革发展任务更加艰巨繁重，政策制定、基础设施建设、运输管理等领域更加迫切需要科技创新提供有力支撑。为适应形势变化的需要，在以往工作的基础上，我们将组织出版"交通运输科技丛书"，其覆盖内容由建设技术扩展到交通运输科学技术各领域，汇集交通运输行业高水平的学术专著，及时集中展示交通运输重大科技成果，将对提升交通运输决策管理水平、促进高层次学术交流、技术传播和专业人才培养发挥积极作用。

当前，全党全国各族人民正在为全面建成小康社会、实现中华民族伟大复兴的中国梦而团结奋斗。交通运输肩负着经济社会发展先行官的政治使命和重大任务，并力争在第二个百年目标实现之前建成世界交通强国，我们迫切需要以科技创新推动转型升级。创新的事业呼唤创新的人才。希望广大科技工作者牢牢抓住科技创新的重要历史机遇，紧密结合交通运输发展的中心任务，锐意进取、锐意创新，以科技创新的丰硕成果为建设综合交通、智慧交通、绿色交通、平安交通贡献新的更大的力量！

杨传堂

2016年6月24日

前　言

以三峡为核心的长江上游水库群调度运行后，长江上游径流量无趋势性变化，但输沙量明显减少，水库的来沙量、中下游河道冲刷仍处于剧烈变化过程中，"清水"下泄引起的坝下游大幅冲刷，目前已发展至湖口以下，且还将持续相当长的时间，与原预测相比，水库来沙量及泥沙淤积量减小幅度很大且不稳定。

目前，长江干流通航的"瓶颈"主要集中在中下游浅滩河段，制约着东西交通大动脉的畅通，也制约了流域经济社会发展。而作为长江上最为常见的一种河型——分汊河型，其河长占长江中下游河长57%以上。由于其平面形态宽窄相间，河段内洲滩众多，存在着主流摆动频繁、洲滩变形剧烈、主支交替情况，造成沿程大量浅险水道冲淤多变，航槽难以选择，航道治理难度极大。

鉴于此，本书针对以三峡为核心的水库群调度运行后，长江中下游河段来沙量急剧减少、沿程变化较大，导致的分汊河段滩槽格局调整剧烈、通航汊道交替时有发生、航道条件难以长期稳定的问题，开展长江中下游分汊河段航道治理理论与技术研究，旨在解决长江航道工程建设中规划、设计等关键技术，形成长江中下游分汊河段航道整治的关键技术，推动长江航道整治工程科技创新。

本书主要包括以下内容：

(1) 通过分析长江中下游主要水文站实测水沙数据，总结了三峡水库蓄水运用后长江中下游水沙变化特征，归纳了新水沙条件下长江中下游河床整体变化特点和航道条件总体变化特点，重点分析了分汊河段河床变化特点及航道条件对新水沙变化的响应规律。

(2) 通过提炼总结长江中下游分汊河段已建工程选汊经验，考虑分汊河段多汊通航需求及可能性，提出了通航汊道选择的原则和评价因素。

(3) 针对分汊河段多汊水深利用需求，基于"同一浅滩在不同整治参数组合下达到相同整治效果"的概念，以浅滩整治的泥沙输运量为结点，提出了联合整治水位和整治线宽度确定方法，建立了整治参数与多目标通航尺度的关系。

(4) 基于三峡水库蓄水及上游大型水库群运用使上、下游河势关联性加剧的背景，提出了计算上下游河段联动演变过程的判别指标，并基于该定量化联动判别指标,提出了一种航道整治工程工程区选择的新方法。

(5)运用河流动力学理论,结合概化水槽试验,对守护型工程对航道条件的改善程度进行了研究,建立了守护工程实施后所能达到的最大航深数学表达公式,可将其与目标航深进行对比,若大于目标航深,可考虑采用守护型工程;若小于目标航深,意味着守护型工程对航道条件的改善强度不足,必须选用强度更高的调整型工程。

(6)采用流带法,结合概化模型试验,提出了一种适用于分汊河段的调整型工程主尺度确定方法,该方法克服了以往航道整治建筑物设计中主尺度依赖整治参数确定,因而仅适用于正常过渡段浅滩。

(7)开展了二维水流数学模型计算和物理模型典型河段局部冲刷试验,分析了护底对于提高丁坝效率的效果,并在此基础上,进一步提出基于提高航槽冲刷效率的丁坝护底范围确定方法。

(8)依托芜裕河段航道整治工程设计,在具体的工程措施上,生态工程定位于首先选择规避不利生态影响;不能规避影响的,选择保护和修复原生生态系统,利用削坡土进行固滩植草,营造局部滨水湿地,以及在护岸工程中采用生态型的护坡结构及新型生态材料,改善护岸实施后的生态功能,与周边环境更加协调和和谐。

本书在编写过程中得到了长江航道局、天津大学、河海大学、马克菲尔(长沙)新型支档科技开发有限公司等单位领导和专家的大力支持,在此深表谢意!

限于作者的学识水平,本书在编写过程中可能存在不足、遗漏甚至错误之处,敬请批评指正。

作　者

2019 年 4 月

目　　录

第1章　绪论 ··· 001
1.1 研究背景及意义 ··· 001
1.2 分汊河段演变规律研究进展 ·· 003

第2章 三峡工程运行后长江中下游河段航道响应规律研究········ 009
2.1 三峡水库蓄水运用以来长江中下游水沙变化特征 ·········· 009
2.2 三峡水库蓄水后长江中下游河床整体变化特点 ············· 015
2.3 三峡水库蓄水后长江中游河段航道条件整体变化特点 ··· 016
2.4 小结 ··· 017

第3章 多汊通航条件下通航汊道选取及整治参数确定方法 ······· 019
3.1 多汊通航条件下的汊道选取技术 ·································· 019
3.2 多汊通航条件下的航道整治参数确定方法 ···················· 023
3.3 小结 ··· 033

第4章 长江中下游分汊河段滩槽格局调控工程区及工程措施研究 ··· 034
4.1 滩槽格局调控工程区的确定 ·· 034
4.2 滩槽调控工程类型选择及平面布置 ······························ 038
4.3 小结 ··· 066

第5章 基于提高航槽冲刷效率的丁坝护底范围确定方法研究 ···· 068
5.1 丁坝的有效作用效率内涵 ··· 068
5.2 丁坝坝头护底范围确定方法研究 ·································· 071
5.3 小结 ··· 087

第6章 长江中下游典型分汊河段生态航道建设技术探索 ·········· 089
6.1 芜裕河段概况 ·· 089
6.2 芜裕河段航道整治目标及方案 ···································· 090
6.3 生态措施工程实践 ··· 095
6.4 小结 ··· 104

第7章 结论 ··· 105

参考文献 ·· 107

第 1 章　绪　　论

1.1　研究背景及意义

　　河流连接陆地和海洋,是人类生存和发展的基础,过去一个世纪内,伴随着人口的快速增长、高强度的人类活动和全球气候的变化,河流地貌环境自然演化规律发生了史无前例的改变。现代人类对河流改造的规模是空前的:据联合国有关机构估计,至今世界有大约60%以上的河流经过了人工改造,包括建设水库和堤防、跨流域调水工程和河道整治工程等,人类对河流100多年的人工改造所引发的后果超过了河流自身数万年的自然演进。尽管对河流的改造和利用给人类社会带来了灌溉、发电、航运、防洪等巨大的效益,但同时过度开发也导致了河流"疾病",造成河流系统某项或多项功能受损,制约了河流的可持续发展,水质污染、河道萎缩、河流生态恶化等一系列河流问题近年来陆续显现出来。

　　在天然河流上修建高坝大库是对河流影响范围最大、干扰最为深远的人类活动。高坝大库将河流拦腰截断,坝下游长期依循一定规律变化的来水过程发生重大改变,尤其是出库沙量颠覆性的减小会破坏下游河流的平衡,对下游河道的演变造成巨大的影响。此外,在一些中小河流上,各种河流生态恢复措施的不断实施也必将对河流演变过程产生深刻的影响。分汊河流作为一种常见的河型,在世界各地广泛存在,在我国出现最多的当属长江中下游河段,整个长江中下游自宜昌至长江河口分汊河段约占全部河长的57%。

　　长江中下游宜昌至河口共有分汊河段55个,汊道总长度约1080km,分汊河道主流摆动频繁、河势变化剧烈、碍航现象突出,长江中下游分汊段基本演变特征表现为主支汊周期性交替,但演变的周期性差异较大,有的汊道周期性较短,如陆溪口水道一个演变周期为15～20年,有的汊道演变周期则较长,如天兴洲河段一个演变周期需要100年以上。长江中下游区域主要的分汊河段边滩和心滩统计如表1-1所示。

长江中下游典型分汊河段洲滩统计　　　　　　　　　　　　　　　表1-1

水道名称	凸岸边滩	凹岸边滩	江心洲	洲头低滩
沙市	腊林洲边滩	杨林矶边滩	三八滩	有
瓦口子	野鸭洲边滩	不发育	金成洲	有
监利	新河口边滩	洋沟子边滩	乌龟洲	有
新堤	不发育	不发育	南门洲	有
陆溪口	不发育	不发育	新淤洲	有
天兴洲	青山边滩	汉口边滩	天兴洲	有
罗湖洲	人民洲边滩	不发育	东槽洲等	有
戴家洲	巴河边滩	新淤洲边滩	戴家洲	有

续上表

水道名称	凸岸边滩	凹岸边滩	江心洲	洲头低滩
张家洲	官洲边滩	代家营边滩	张家洲	有
官洲	姚山边滩	双河闸边滩等	官洲等	有
黑沙洲	新港边滩	不发育	黑沙洲等	有
土桥	不发育	红杨树边滩	成德州等	有
新洲水道			新洲等	有
九江水道			鳊鱼滩	无
东北直水道			上三号洲	有
马当水道			骨牌洲	有
东流水道		桃树滩边滩	老虎滩、玉带洲、天沙洲等	有
安庆水道	代家洲边滩		鹅毛洲、江心洲	有
太子矶水道			铁板洲、铜板洲等	有
大通水道			铁板洲、和悦洲等	有
贵池水道			崇文洲、凤凰洲等	有
荻港水道			章家洲、紫砂洲等	有
西华水道			曹姑洲、陈家洲等	有
江心洲水道			江心洲、小黄洲等	有
大胜关水道			梅子洲、潜洲等	有
仪征水道			世业洲	有
和畅洲水道			和畅洲	无
扬中水道		三益桥边滩	太平州、落成洲等	有
泰兴水道			天星洲	有
福姜沙水道			福姜沙	有
浏海沙水道			长青沙、民主沙等	有
白茆沙水道			白茆沙	有

  长江是我国第一大河,是我国唯一贯通东、中、西部的水路交通运输大通道,通航里程与水运量分别占全国内河的53%和80%。经过多年系统治理,长江航道建设成就显著,航道维护水深得到全面提高,上游航运条件已经发生根本性改善、中游航道枯水通航紧张局面明显缓解、下游河段深水航道通过能力大幅提高,为流域经济社会发展作出了巨大贡献。随着流域经济社会发展,对长江水运提出了更高的要求,加快长江等内河水运发展已上升为国家社会经济发展战略。

  目前,长江干流通航的"瓶颈"主要集中在中下游浅滩河段,制约着东西交通大动脉的畅通,也制约了流域经济社会发展。而作为长江上最为常见的一种河型——分汊河型,其长度占长江中下游的57%以上。由于其平面形态宽窄相间,河段内洲滩众多,存在着主流摆动频繁、洲滩变形剧烈、主支交替,造成沿程大量浅险水道冲淤多变,航槽难以选择,航道治理难度极大。而三峡水库蓄水后,在新水沙调节过程的作用下,下游分汊河道出现了超出预期的调整现象,不同类型的分汊河道出现了"主消支长""主长支消"等差异现象,造成了航槽变化,并且难以判断这些新的变化,无疑给航道治理增加了难度,也对航道整治技术提出了更高的要求。因此,如何对分汊河段航道进行科学治理,保证航道的畅通,已成为提升长江中下游乃至整个干线航道通过能力迫切需要解决的关键问题。

1.2 分汊河段演变规律研究进展

西方国家在河型分类上一般按照 Leopold 方法，将河流分为辫状、弯曲和顺直三种。国外较多地将分汊河型归结为辫状河型中的一种，鉴于我国河流的特殊性及其演变规律，我国学者一般将分汊河流从辫状河流中分离出来作为独立的河型研究，对分汊河流的演变高度重视。

1.2.1 分汊河流演变基本规律研究

水沙运动是河流演变的根源，众多学者对分汊河流分流和分沙特征进行了研究。在分流方面，Taylor 于 1944 年开展了分汊明渠水流研究，得到分流比与水深之间的关系图，用于分流量计算。Law 和 Amruthur 通过分汊水槽试验，建立了分流比与弗汝德数之间的关系。罗福安对直角分汊明渠水流处的水流结构进行了测量，利用试验数据建立了分流宽度与单宽分流比、相对流速和弗汝德数之间的关系。余文畴通过对长江下游实测资料分析，指出分汊河道分流比主要受洪、枯水期展宽段断面流速分布、进口段水流弯曲半径及各支汊阻力对比等因素决定。丁君松等人指出，对天然分汊河道，在确定汊道糙率后，分流量可通过试算水面线求得。在分沙方面，佟二勋曾对底沙分配进行了研究，指出影响沙量分配的因素主要有三个方面：分汊口附近的水流条件、边界条件及泥沙因子。丁君松根据长江分汊河段实测资料，分析了分汊口各级配悬沙浓度沿水深的分配规律，计算了分汊河道悬沙分沙比。秦文凯在考虑分汊河道横向环流的基础上，求出汊道悬移质分组泥沙分沙和分汊口附近地形的关系、含沙量、级配等，建立了汊道悬沙质分沙模型。谈广鸣等人通过水槽试验对分汊河道整体水流结构和底沙输移演化特征进行了研究。

在分汊河流统计规律和形成、演变机理方面，很多学者认为同一河流的不同分汊段甚至不同地区的分汊河流在平面形态上呈现出一定的统计规律，称之为自相似性。国外定义的分汊河道，许多是指辫状河流或不稳定的游荡型汊道，Nikora 对新西兰 14 条游荡型分汊河流实测数据进行了分形维数的计算，发现分形维数 D 为 $1.51 \sim 1.71$，并且江心洲的长宽比可回归为线性关系。而 Walsh 则认为江心洲长度和宽度之间呈指数关系而非线性关系：$B \sim L^H$（$H = 0.88 \sim 1.02$）。Ashmore 对游荡型分汊河流平面形态和成因进行了研究，认为多分汊河道中所有的汊道都能下泄流量，但并非所有的汊道都能输移推移质，将能输移推移质的汊道定义为活跃汊道，通常占总汊道数量的 $30\% \sim 60\%$，汊道密度（支汊的数量）大小与总河道的流量或者活跃汊道的总能量有关。Chalov 对俄罗斯、中国和美国 40 条河流上 200 处分汊河段进行了统计，提出了一种支汊尺度的评估方法，采用该方法对各汊道段结构等级进行了划分，研究认为不同汊道结构的形成与分汊密度（支汊的数量）和分汊级数有关。陈宝冲认为分汊河段的形成与边界组成物质有关，可分为固定分汊河流、稳定分汊河流和不稳定分汊河流三种类型，第一种河道底质由基岩组成，因地质作用形成，后两种由水沙作用形成但因河床组成物质不同而导致稳定性存在差异，其中长江属于稳定型、黄河属于不稳定型。从河道内节点的控制作用上，有的研究认为长江中下游顺直型、弯曲型和鹅头型三类分汊河段的形成与河道内普遍存在的耐冲节点平面分布有关，而倪晋仁的研究则表明，节点在分汊河段中只起辅助作用。从输沙能力的角度,Nanson 和黄河清认为分汊河流比顺直单一段的输沙能力要低,相反,尹国康等人则认为江心洲型分汊段的输沙能力高于单一段,两者的结论有所矛盾,这与不同研究者所采用的算法及两汊加权方法不一致有关。为了维持江心洲的稳定,需要有相应的流量变幅不大的水沙条件匹配,为此,方宗岱以流量变差系数 C_v 为指标进行统计,结果表明 $C_v<0.3$ 才易生成分汊河流。此外,分汊河流所表现出的沿程藕节状使得人们提出了"分汊河流的形成与沿程边岸组成物质的差异有关"的观点。

在分汊河流河床演变规律和预测方面已有研究成果丰硕,多用于天然分汊河道治理当中。冲积河流分汊河道河床演变的主要特点为:洲滩不断向下游移动,并不时发生合并和分割变化,两岸有崩退或淤长;各股汊道交替兴衰发展。与单一段相比,分汊河道演变过程复杂,但也遵循一定的物理原则,如最小能耗率原理、最大阻力原理等。高进将最小阻力原理应用于分汊河道演变计算中,推导出河道汇合与分流处水动力要素与形态要素之间的函数关系。严以新运用最小能耗率原理,对分汊河段河相关系进行研究,得到支汊几何要素与水动力要素之间的关系。陈立基于三峡蓄水后原型观测资料,将三峡坝下分汊河段按照水流动力轴线年内交替与否分为水流动力轴线年内交替型分汊河道和水流动力轴线年内不交替型分汊河道,前者冲刷部位主要发生在主汊,主、支汊地位维持稳定,后者洪水期水流动力轴线所处的一汊冲刷发展快于枯水期水流动力轴线所处一汊。姚仕明则通过对长江中下游分汊河段实测资料分析,研究了汊道进口段水沙运动及输沙特性对汊道演变的影响,并基于平衡输沙原理,得出了分流分沙变化对分汊河道冲淤影响关系式。Picco 利用激光扫描仪 TLS 对意大利东北部的 Tagliamento 河短期地形冲淤进行了分析,并利用测量数据对该河流大范围的糙率分布进行了估计。Mohammad Nazim UDDIN 对孟加拉国 Jamuna 河的三维流速分布进行了测量,该河流弯曲支汊内近岸斜流为临界起动流速的 6 倍,是引起岸滩侵蚀冲刷的主要原因。Schuurman 等人基于物理学建立了多分汊长河段数学模型,将河流治理和其他人为活动看作对河流的干扰,计算了人工干扰对江心洲、支汊和汇流段动力特性的影响及传播特征,研究发现,人工干扰对局部河床高程和水流特性的影响距离相对较短,但是会引起汇流区内各支汊流量和输沙量的不平衡分布,进而引发下一个汊道内的江心洲形态的变化。另外还发现,年内流量过程改变对短期和江心洲尺度的地形演变有一定影响,但对长时期及河流尺度的地貌特征影响甚微。目前,天然河流分汊河道的河床冲淤预测多采用河流泥沙数学模型,促进了分汊河道研究的深入。张为为分析三峡蓄水后分汊河段演变趋势,建立了沙市河段水沙数学模型,对三峡建库后重建平衡过程中该河段洲滩的动态变化过程进行了预测。孙昭华以三峡坝下芦家河河段为研究对象,从来水来沙变化、河势调整等多种角度,结合数学模型趋势预测计算,分析了多因素变化条件下的浅滩演变机理。Xiao Y 建立了分汊河段二维数学模型,通过数值模拟发现上游来水来沙的减少会导致分汊河流向弯曲河流转变。河流泥沙数学模型均以水流、泥沙运动基本方程为根本,由于水流、泥沙运动极其复杂,所对应的某些封闭方程至今仍不统一。

在分汊河流河床演变基本理论方面,Millar 利用最优化理论建立无量纲方程来区分河流类型,通过该方法证实了自然河流具有自平衡能力,且会不断地趋向于最优化状态或平衡状态。冲积河流的自动调整原理或作用给出了河流经过非平衡演变过程后的发展方向和终极目标,它是指河流具有平衡倾向性,当上游来水来沙条件或下游边界条件发生改变时,河道将通过平面调整和纵向调整,调节外部条件改变所产生的影响,最终形成一个与改变后水沙条件或下游边界条件相适应的新的平衡态。决定冲积河流平衡状态的是水流连续方程、运动方程和挟沙力方程3大基本方程,包括了河宽、水深、流速、比降4个未知量,由于缺少一个方程,方程组不闭合,无法求解,这是研究河流平衡态面临的根本性难题。为了封闭方程组,目前采用的方法主要有三类:第一类是极值假说,该假说认为河流处于平衡状态时其特征量达到某种极值状态,具有代表性的极值假说包括最小方差原理、最小能耗率、最小水流能量假设、最大输沙率假设、最大阻力假设、最小弗汝德数假设等。这类方法求解简单,但由于极值假说缺乏严格的理论证明,同时也没有大量实测资料的验证,不同的极值假说应用于河流系统会得到不同的结果,因此极值假说的正确与否只能依靠其能够解释问题的多少和合理程度来衡量。此外,关于极值的趋向性也存在争议,如关于能耗率极值假说,杨志达的最小能耗率假说指出:当一个系统的能耗率最小时,该系统处于平衡状态,若尚未达到平衡,系统会以减小能耗率的方式做调整,直到系统能耗最小而达到平衡为止。而黄万里认为,系统的能耗极值在任何时刻都是趋于最大而不是最小,他根据热力学第二定律推断出在给定的初始和边界条件下流动时,在任何时刻的密度、速度和压力总是会使得系统整体的能量耗散率为最大值。第二类是稳定性理论,以 Parker 等人为代表,该理论将维持河流稳定的条件作为河相关系中额外的独立方程,Parker 采用稳定性理论中的扰动法,求出卵石河流边界上剪切应力分布,并根据河底和河岸相交处临界起动假设及水流连续方程、运动方程和推移质挟沙力方程推求出河相关系式。Julien 以无黏性沙为边界的分汊河段为研究对象,通过稳定性分析,建立了平均水深、分汊河段总河宽、平均流速、坡降与来流量、中值粒径、希尔兹参数之间的河相关系表达式,理论结果与原观实测资料符合度较高。稳定性理论建立在一种较为严密的理论基础之上来解答河相问题,通过严格的理论推导得到河相关系满足的数学表达式,这是对河相关系研究的一大重要贡献,从根本上触及了河型成因的内部原因,因此从整体上看比极值假说更加严密。第三类方法是黄河清建立的冲积河流平衡理论,通过宽深比作为自变量,将河床演变方程组中原有的四个变量(河宽、水深、流速和比降)简化为三个变量(宽深比、流速和比降),用以封闭方程,该理论认为水流三大基础方程已经足够对河道平衡条件作出解答。推导得到方程组的理论解,并由此证明了最大输沙量假设和最小水流能量假设是成立的,认为河流倾向于使用最小的水流能量输送最多的泥沙。此外,黄河清还发现,河流达到平衡时具有线性特征,并通过线性理论对 Meyer-Peter 推移质挟沙能力公式进行了修正,建立了冲积河道平衡形态关系式,分析了江心洲的长宽比与汊道内水沙比例的关系,对分汊河道平面形态形成机理进行了探索,并将理论结果与长江典型分汊河段的实测结果进行了对比。

1.2.2 长江中下游分汊河段演变规律及整治技术研究

1.2.2.1 长江中下游分汊河段演变特性研究

长江中下游的分汊河段由于受边界条件制约,河道难以自由摆动,但随着节点控制作用的不同,沿程各段弯曲率、放宽率也各有不同,在相邻的不同河段之间,或者同一河段在年内及年际不同时期,呈现出顺直、分汊、弯曲的不同河型属性。

长期以来,地学、水利界的专家学者针对分汊河道演变规律开展了广泛的研究,这些研究从来水来沙、边界条件、河道形态、水沙输移特点等不同角度深入探讨了分汊河道形成和维持的原因,认为节点排列方式及河岸抗冲性等边界条件与江心洲长度、宽度、稳定性之间存在密切关系,并据此将分汊河段划分为顺直分汊、弯曲分汊、鹅头分汊等类型,从宏观角度归纳了分汊河段的水沙输移特性和地质地貌属性,有利于提高对分汊河段的大尺度特性的认识。然而,对于分汊河段的浅滩演变而言,很大程度上还取决于局部边滩、心滩等尺度较小地貌形态的短周期交替变化,这是地学和水利界关注较少的问题。例如水利学者的研究成果认为界牌河段新堤汊道自1934年以来即保持了稳定,嘉鱼汊道左汊的稳定期超过了70年,两者都是非常稳定的汊道,但航道部门的统计资料却显示以上两汊道内边滩、心滩频繁冲淤,主流分别以10年及5年左右的周期不断摆动,航道条件非常不稳定,这显然是由于从两种视角分析问题所导致。因此,出于航道整治的目的,需要对分汊河段演变规律,特别是洲滩交替冲淤、主流不断摆动的机理,从微观角度开展相关工作。

大量研究均表明,分汊河段演变对于水沙条件变化较为敏感,随着上游水库的大规模修建,水沙条件变化下长江中下游分汊河段的调整方向同样也是值得关注的问题。尽管目前由于世界范围内大规模的水库等水利工程的修建使得人们对于水库下游的河床调整现象愈来愈重视,如三峡水库蓄水后其下游局部河段河势、洲滩调整也引起了航道维护等部门的注意,并开展了相应的研究工作,同时对河床调整特性和变化趋势也进行了深入探讨,并取得一定的成果。但由于水库下游的洲滩变形不仅与水沙过程的调节幅度和方式有关,而且与原有的河道形态、河床组成等因素密切有关,不同河流上可能呈现出各种现象,缺乏一般性规律可循,难以准确预测。丹江口水库下游的分汊段在蓄水后普遍出现小滩淤并为大滩、支汊萎缩的现象。英国、意大利一些河流在上游修建水库后,普遍出现洲滩淤积并岸,河道向单一化发展的趋势。美国Trinity河流上游建库30余年后,仅坝下52km范围内洲滩萎缩,而靠近下游的河段则由于沿程沙量恢复较为充分,洲滩反而持续淤高。密西西比河来沙量减少后,其下游一些河段洲滩明显萎缩而深泓变化较小,洲滩较少的单一河段却以深泓明显下切为主。长江荆江河段在放宽段存在较多洲滩,蓄水前的洲滩演变就比较活跃,三峡水库蓄水以来的实测资料显示洲滩的调整特点又与以上现象有所差别,多项研究成果都显示江心洲向萎缩方向发展,汊道分流比则呈现了不同的演变特征,一些汊道体现为主长支消,分汊格局更加稳定,如武汉天兴洲、罗湖洲汊道,而另外一些则体现为主消支长,分汊格局不稳,甚至发生主支异位现象,如陆溪口汊道、土桥成德洲汊道等。目前对于这些差异现象产生的原因和内在机理尚缺乏深入认识,因此也无法对未来发展趋势形成准确的预判,不利于相应治理原则和工程措施的制定。

1.2.2.2 长江中下游分汊河段航道整治技术研究

1) 整治思路

欧美国家的河道整治实践始于改善莱茵河、密西西比等河流的通航条件,早期治河理念过于强调人的意志,对河流的自然属性干预过大,带来了防洪、生态等多方面问题,乃至近期出现了让河流回归自然的热潮。历史实践表明,强制性的整治并不能从根本上改变河床固有的演变特性。在美国密西西比河上,为了保证足够的航道深度,从19世纪末开始实施河道渠化工程,然而造价巨大的整治工程并未使航道长治久安,在一些长分汊放宽段依然常常出现淤浅碍航的现象。

我国早在20世纪30年代就在西江实施了航道整治工程,之后东江、北盘江、湘江、赣江、汉江等中小河流也均逐步对航道进行了整治。针对长江中下游分汊河段的航道整治,目前已有初步的治理技术形成:关于长江中下游的浅滩整治多是因为浅滩碍航而开展,传统的航道整治理论也是依据浅滩碍航而形成的。李义天等提出的长江中下游河道演变机理和枯水航槽塑造的理论,充分阐述了枯水河槽的塑造技术,建立了浅滩碍航淤积量与航道尺幅关系,提出了不同航道水深条件下最优的枯水河槽形态;张华庆等提出了长江中下游分汊河段通航主汊道引导和恢复技术,指导了戴家洲河段、江心洲河段(一期工程)等碍航滩段目标河型选取,建立了洲头工程平面布置与洲头分流面关系;张明进等从长江中游弯曲—分汊河段具有上下游河势联动的特点出发,以沙洲—巴河—戴家洲水道、周天—藕池口—碾子湾水道等联动河段作为研究重点,识别了弯曲—分汊河段河势联动性强弱的判别指标。刘怀汉等提出了长江中下游分汊河段航道整治关键技术,在明确通航汊道发展趋势与流量过程调节关系基础上,建立了主汊道选取、边滩和心滩控导技术,指导了沙市河段、监利河段等碍航滩段的航道整治。对于多分汊河段,水流在汊道内年内的摆动频繁,在清水下泄的条件下,受底质组成的影响,汊道发展速度相差较大,如典型的沙市河段、东流水道等,在三峡水库蓄水后,其汊道交替过程仍在延续。现有分汊河段航道整治技术,通过工程化的运用,指导了双分汊河段航道整治工程,工程实施后达到了预期效果。

2)整治参数

整治参数的研究经历了较长的历程,并随着人们对问题的深入认识和工程实践的不断检验,理论和方法不断地得到改进和完善。如整治水位的确定由经验到逐步发展为基于造床流量、平滩水流特性等有一定理论基础的计算方法;整治线宽度的计算由较为简单的经验关系逐步发展到基于输沙平衡原理,并较为全面地考虑水、沙、河床等因素的计算方法。在基于整治水位和整治宽度的基础上进行整治线的确定等方面也开展了卓有成效的工作。以上方法已用于工程实践中,并在一些中小河流整治中取得了较好效果。

从理论和实际运用来看,各项整治参数直接决定了建筑工程量及工程实施效果,将整治工程的参数选取建立在水沙运动特性及河床演变规律基础上尤为重要。但是现有航道整治参数确定方法多来自山区或中小河流经验半经验关系式,在长江中下游这类大型河流浅滩河段整治工程中应用存在一定出入。如我国内河通航标准中规定的设计水位确定方法为综合历史曲线法和保证率频率法,在应用过程中出现了二者确定结果不同的情况,甚至可能使航道等级确定产生混乱,而水库下游河床处于非平衡调整状态时的通航设计水位确定方法尚缺少研究;整治线布置、整治水位、整治线宽度是相互联系的,但三者之间的具体关系仍无法明确;长江中下游浅滩河段采用第二造床流量法确定的整治水位普遍偏高,甚至高于设计水位以上5m,较现在采用的整治水位高出2m,其他河流也出现了类似状况;通航标准中规定的整治线宽度确定公式采用整治前后断面水流泥沙关系建立,对于正常过渡段浅滩计算结果较符合实际,但分汊、弯道等复杂浅滩河段,断面呈W或V形,散乱浅滩河段河床形态则不断变化,此时整治线宽度公式无法使用。此外,由于很多理论和方法都是基于平衡河流,用到如三峡水库下游的荆江河段中就会存在一些问题。如天然情况下整治水位对应于平边滩的第二造床流量,可根据资料统计方法确定,但非平衡河流中,河床变化较为剧烈,基本不存在稳定的整治水位,而是随河床冲淤变化而不断调整的水位系列,在此情况下造床流量法等经验或半经验方法失去应用的前提。在流量调节、沙量拦截的情况下,河道的过水面积需求、浅滩的冲刷动力均发生调整,在此情况下根据输沙平衡原理确定整治线宽度也失去应用的前提。

从当前的现状来看,建立能够反映长江中下游分汊河段浅滩冲淤变化特点整治参数确定方法,对航道整治工程设计是十分必要的。

3) 整治措施

从现有的整治工程来看,关于分汊汊道浅滩的整治,可分为以下几种类型:

(1) 稳定汊道现状。

当汊道发展演变至对航运等国民经济各部门和生态环境有利状态时,采取工程措施将这种有利的状态稳定下来。其措施有:在分汊河段上游节点处、汊道入口处、汊道中部受冲刷崩退的滩岸处、江心洲(滩)头、尾处分别修建整治建筑物。

(2) 堵汊工程。

此法主要的思路是,堵塞正处于逐渐衰退的汊道、起塞支强干作用或促进正处于衰退汊道淤积,从而达到集中水流冲刷或增加浅滩段水深的目的。此法多用于中小河流,这些河流两岸多为丘陵高地,防洪问题不突出。即使在汉江中游、西江中游的冲积河段,尽管河道宽度较大,但由于防洪与航运之间的矛盾较小,早期的航道整治仍采用了这种"塞支强干"的方式。

(3) 调整汊道分流比。

当汊道发展演变过程出现与航运等国民经济各部门的要求不相适应的情况,而又不允许或不可能通过塞支强干来加以治理时,可采取调整汊道分流比的方法解决存在的问题。目前,国内外常采用的措施为:在分汊河段上游节点处修建控导工程或在汊道入口,或汊道内修建丁坝、顺坝等,调整汊道分流比,起到束水攻沙、冲刷浅滩的作用。西欧和北美一些国家主要靠挖泥疏浚措施来调整汊道分流比或解决浅滩碍航问题,我国在一些江河浅滩治理中也常用此法,但有时根据通航要求挖槽方向与水沙运动方向不一致时,挖后回淤严重,难以达到整治目的。

长江中下游最早的航道整治工程就是针对分汊河段—界牌水道航道整治工程,始于20世纪90年代中期,尽管上述在国内外其他河流航道整治的成功经验对于长江中下游分汊河段的航道治理极具借鉴意义,然而长江中下游作为大型冲积河道,其演变本身就极为复杂,再加上防洪、生态环境等外部条件的制约,造成现有的整治手段和规范规定的整治参数(中小河流整治经验及理论)在实践运用中极其困难,具体原因如下:①分汊河段中航道治理首先要解决的问题就是确定主要的通航汊道,这就必须要对汊道的发展趋势有准确的判断,然而由于长江中下游分汊河段在天然情况下就存在主流摆动幅度大、汊道冲淤多变的特性,三峡水库蓄水后更造成了不同类型的分汊河道出现了不同的调整特性,这无疑给分汊河段发展趋势的判断增加了难度,甚至会出现趋势预测与实际相反的情况,因此如何能准确判断汊道的发展趋势是分汊河段治理首先要解决的问题;②中小河流枯水河宽与航宽比较接近,河槽对航槽的控制作用较强,通过"塞支强干""束水攻沙"等手段可以有效地提高航道水深,并据此确定相应的整治水位及整治线宽度。但长江中下游地处冲积平原,沿江人民生命财产和工农业生产设施全靠堤防保护,洪水来量大、河槽泄流能力小的矛盾极为突出,再加上长江中下游鱼类资源丰富,多个分汊河段内都设有鱼类保护区,采用上述强进攻性的整治手段极有可能严重影响防洪安全和生态环境,即使采用相对较弱的调整分流比的整治手段,也必须考虑支汊内码头、取水口等涉水设施的需求,难以轻易实施。因此,中小河流的航道整治经验难以用于如长江这样的大江大河,且欧美大规模的渠化工程也无法借鉴的局面下,如何能制定满足多种目标需求的分汊河段航道治理措施,不仅是长江中下游航道整治的迫切需要,而且也是丰富和发展航道整治理论的需要。

第 2 章　三峡工程运行后长江中下游河段航道响应规律研究

近年来,三峡水库不同阶段的运行和上游来水来沙条件的变化,已经使进入三峡下游的长江中下游河道的水沙条件发生了显著变化,对河床变形规律和航道条件均产生了深刻的影响,今后水沙条件的变化和航道的响应还将继续。本章以长江中下游主要水文站实测水沙数据为基础,分析了三峡水库蓄水运用后长江中下游水沙输运过程,总结了新水沙条件下长江中下游河床整体变化特点和航道条件整体变化特点,重点分析了分汊河段航道条件变化规律。长江干线航道及水文站位置见图 2-1。

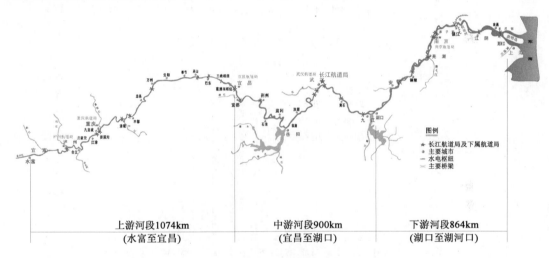

图 2-1　长江干线航道示意图

2.1　三峡水库蓄水运用以来长江中下游水沙变化特征

2.1.1　三峡水库进出库水沙变化

选择不同蓄水期三峡水库入库控制水文站(清溪场水文站、寸滩水文站、乌江武隆站)、库区内的分段控制站(清溪场水文站、万县水文站)和出库控制站(黄陵庙水文站、宜昌水文站)实测水沙资料,对三峡水库进出库水沙变化进行分析。

2.1.1.1　三峡水库入库水、沙特征分析

三峡水库的入库水量月均表现见图 2-2,如图可知,1～4 月略有增加趋势,5 月为减少趋

势;6~8月为先增加后减少,主要是20世纪90年代大水所致,且上游的洪水集中于汛期;9月为先减少后增加,10月、11月和12月为减少趋势,但1991—2002年和2003—2015年期间变化不大。入库沙量枯水期变化较小,但数值也较小,枯水期泥沙占全年比例为0.3%,几乎不影响全年的输沙量,汛期的泥沙大幅减少。2003—2015年期间较1991—2002年期间减少约39%,较1956—1990年期间减少约56%(图2-3)。

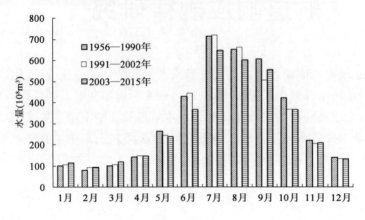

图2-2 三峡水库入库水量月均变化

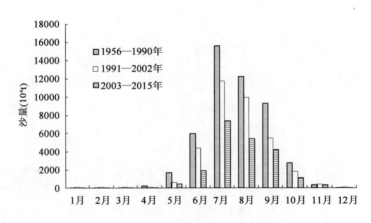

图2-3 三峡水库入库沙量月均变化

2.1.1.2 出库水沙特征分析

三峡水库蓄水后宜昌站2003—2015年月均水量和沙量表现为:1~4月水量略有增加,6~11月为减少趋势,5月和12月变化不大(图2-4);月均沙量均为减少趋势,减幅均大于83%,表明三峡水库蓄水后,出库的下泄水流相当于清水下泄(图2-5)。

2.1.2 长江中下游河段水沙变化特征

长江中下游的主要水文站有宜昌、枝城、沙市、监利、螺山、汉口、大通。通过各站蓄水以前(2002年以前)多年平均、前两个蓄水阶段(2003—2007年)年均、175m试验性蓄水期(2008—2015年)各年度及年均的径流总量,分析长江中下游河道径流量和输沙量的时空变化。

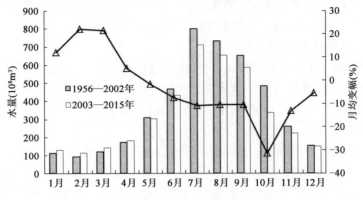

图 2-4　三峡水库出库宜昌站水量月均变化

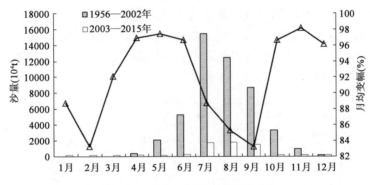

图 2-5　三峡出库宜昌站沙量月均变化

2.1.2.1　径流量变化

1) 径流量随时间的变化

各水文站蓄水以前多年平均、前两个蓄水阶段年均,以及试验性蓄水期年均径流量对比变化如图 2-6 所示,可以看出:三峡水库蓄水后的 2003—2007 年,长江中游各站,除监利站水量与蓄水前基本持平外,其余各站的多年平均径流量较蓄水前偏枯 5%～10%。

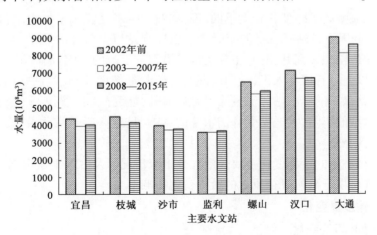

图 2-6　长江中下游主要水文站不同时期年均径流量变化

三峡水库 175m 试验性蓄水期(2008—2015 年)内,与试运行前的 2003—2007 年相比,汉口站基本持平,其余各站略有增加,增幅 2% ~ 6%;与水库蓄水前多年平均相比,除监利站偏大 3.5%,其余各站偏枯 3% ~ 8% 的。

总体来看,2008—2015 年各水文站年际径流总量变幅有大有小,但丰枯基本一致。试验性蓄水期多年平均径流量与前两个蓄水阶段(2003—2007 年)多年均值以及蓄水前(2002 年以前)多年平均值均不同,这主要是由水文过程随机性造成。

2) 径流量沿程变化

图 2-7 给出了长江中下游 2008—2015 各年以及不同时段平均径流量的沿程变化情况。由图可以看出:

水库蓄水以前和以后,不同阶段径流量沿程变化趋势是一致的。枝城站较宜昌站径流量略有增加,枝城站、沙市站、监利站径流量依次略减,监利站以下的螺山站、汉口站、大通站径流量则是沿程增加。其中,枝城站与宜昌站之间主要有清江入汇,沙市站与枝城站之间主要有松滋口和太平口分流,监利站与沙市站之间主要有藕池口分流,螺山站与监利站之间主要有城陵矶汇流,汉口站与螺山站之间主要有汉江入汇,大通站与汉口站之间主要有鄱阳湖湖口汇流。不难看出,径流总量的沿程的增减与上述分汇流情况基本吻合。

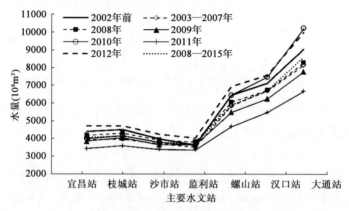

图 2-7　长江中下游不同时期年径流量沿程变化

沿程各站径流量的年际变化程度不同。监利站多年来径流总量最稳定,基本保持在 4000 亿 m³ 左右,而监利以下各站径流量的年际变化较监利站以上各站要剧烈得多,其中大通站的径流量年际变化最剧烈。究其原因,主要还是受沿程分汇流的影响,洞庭湖三个分流口均在监利站上游,枝城以上只有清江入汇,受洞庭湖的自然调蓄作用,因此监利站的径流总量年际变化较小;而监利站以下的螺山站径流量除上游来流外,还受到洞庭湖四水径流量变化的影响,汉口站受汉江水系的影响,大通站受鄱阳水系的影响,且这些影响沿程叠加,故大通站径流量的年际变化最为剧烈。

因此,坝下径流量的沿程变化主要受沿程分汇流情况以及区间汇流影响,而水库蓄水以及不同的运行方式对坝下游河段径流量的沿程变化影响不大。

2.1.2.2　输沙量变化

1) 输沙量随时间的变化

各水文站蓄水以前多年平均、前两个蓄水阶段年均,以及试运行期年均输沙量对比变化如

图2-8所示。

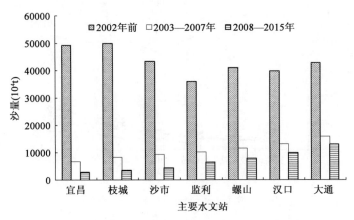

图 2-8　长江中下游主要水文站不同时期年均输沙量变化

三峡水库蓄水以前，坝下游输沙量的沿程变化主要受沿程分汇流、流域产沙以及河段冲淤的综合影响，输沙量多年均值的沿程变化与径流量的沿程变化基本一致，即监利以上的水文站输沙量沿程呈递减态势，监利以下各站输沙量沿程呈递增态势。

蓄水后，由于大量泥沙淤积在库内，坝下的宜昌站输沙量大幅减少，由于不饱和输沙导致沿程冲刷，使输沙量趋于恢复，另一方面也有区间产沙和支流沙量的汇入的作用，宜昌站以下水文站的输沙量沿程递增，但与蓄水前情况相比仍表现出显著减少。

显然，水库蓄水引起下游输沙量的变化，距坝越近，影响越显著。

可以看出，三峡水库蓄水后，受水库拦沙影响，坝下游各站输沙量均出现了骤减。三峡水库蓄水后前两个蓄水阶段（2003—2007年），坝下游各站输沙量减幅为62%～87%。

进入试验性蓄水期，汛期坝前水位明显抬升，水库拦沙作用更为显著，坝下各水文站输沙量再次大幅减少。与2003—2007年相比，输沙量减小幅度为16%～56%，与水库蓄水前多年平均相比，减幅为69%～94%。

总之，坝下游输沙量一方面有水文过程的随机变化，且基本遵循"大水大沙、小水小沙"；另一方面，三峡水库蓄水拦沙对坝下游河段输沙量影响显著，随着水库蓄水以及水位的逐步抬升，坝下各站输沙量均有不同程度的进一步减少。

2）输沙量沿程变化

图2-9给出了长江中下游2008—2015各年以及不同时期年均输沙量的沿程变化情况。

三峡水库蓄水以前，坝下游输沙量的沿程变化主要受沿程分汇流、流域产沙以及河段冲淤的综合影响，输沙量多年均值的沿程变化与径流量的沿程变化基本一致，即监利以上的水文站输沙量沿程呈递减态势，监利以下各站输沙量沿程递增。

蓄水后以及试运行水位抬升后，由于大量泥沙淤积在库内，坝下的宜昌站输沙量大幅减少，由于不饱和输沙导致沿程冲刷使输沙量趋于恢复，另一方面也有区间产沙和支流沙量的汇入作用，宜昌站以下水文站的输沙量沿程递增，但与蓄水前情况相比仍表现出显著减小。显然，水库蓄水引起下游输沙量的变化，距坝越近，影响越显著。

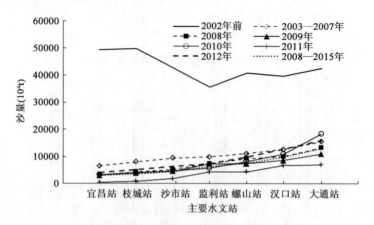

图 2-9　长江中下游不同时期年输沙量沿程变化

2.1.3　长江中下游悬沙和床沙颗粒特征变化

从悬移质的中值粒径变化情况来看（表2-1），紧邻坝下的宜昌、枝城三站，以及距离大坝较远的螺山、汉口、大通三站，中值粒径总体较细，没有明显的变化规律。处于荆江的沙市、监利两站的中值粒径均一度增大，随后又逐渐减小，且监利站的这一过程略有滞后。

三峡水库下游主要水文站中值粒径变化表（mm）　　　　　　　　　表 2-1

项　目	宜昌	枝城	沙市	监利	螺山	汉口	大通
蓄水前平均	0.009	0.009	0.012	0.009	0.012	0.01	0.009
2003 年	0.007	0.011	0.018	0.021	0.014	0.012	0.01
2004 年	0.005	0.009	0.022	0.061	0.023	0.019	0.006
2005 年	0.005	0.007	0.013	0.025	0.01	0.011	0.008
2006 年	0.003	0.009	0.099	0.15	0.026	0.012	0.008
2007 年	0.003	0.009	0.017	0.056	0.018	0.012	0.013
2008 年	0.003	0.006	0.017	0.109	0.01	0.01	0.012
2009 年	0.003	0.005	0.012	0.067	0.007	0.007	0.01
2010 年	0.006	0.007	0.010	0.015	0.011	0.013	0.013
2011 年	0.007	0.008	0.018	0.065	0.014	0.021	0.009
2012 年	0.007	0.008	0.017	0.017	0.012	0.021	0.011
2013 年	0.009	0.010	0.012	0.019	0.012	0.013	0.009

悬移质中值粒径与来水量也有一定的关系，螺山及其以上各站在来水偏小时，中值粒径偏大，来水偏大时，中值粒径偏小。这一现象在来水偏丰的 2005 年、2010 年、2012 年与来水偏枯的 2006 年、2011 年、2013 年的对比上表现得比较明显。

粒径大于 0.125mm 的悬移质中值粒径沿程变化情况见表2-2。2009 年及其以前粒径大于 0.125mm 的泥沙输移量以监利为峰值点，在该点基本恢复至蓄水以前的水平，其上沿程增加、其下沿程减少。2010—2011 年该组泥沙沿程输移量有所变化，沿程各站相对于蓄水以前均大幅减少，且沿程的增减规律与 2003—2009 年基本一致，监利站是沿程变化上的一个峰值，往下游会有所减少。2012年后,随着主冲刷带的逐渐下移,泥沙输移量的峰值区域也逐渐向下游移动,且峰值拐点区域平滑。

三峡水库下游主要水文站粒径大于0.125mm输沙量(万t)　　　　表2-2

项　目	宜昌	枝城	沙市	监利	螺山	汉口	大通
蓄水前平均	4428	3450	4253	3437	5522	3104	3331
2003—2009年	397	1250	2363	3353	2532	2282	999
2009年	53	393	1493	3078	1737	1634	1110
2010年	46	235	902	1595	1247	1765	1906
2011年	7	71	485	1868	927	1482	251
2012年	51	126	808	1622	1628	3098	1458
2013年	27	48	478	1297	1173	1364	737

粒径大于0.125mm泥沙的沿程恢复情况受上游来水情况的影响较大,2010年、2012年水量偏大,该组泥沙在螺山以下输移量明显增加。但监利站各年该组泥沙输移量与水量关系不密切。

2.2　三峡水库蓄水后长江中下游河床整体变化特点

从长江中下游沙质河床河段蓄水后累积冲刷量随时间变化上看,三峡水库蓄水后初期,冲刷量较大,但随后冲刷量的累计增加速度变缓;进入试验性蓄水期以后,沙质河床河段累积冲刷量又进入迅速增加的阶段。

图2-10所示为长江中下游冲淤强度变化,对比四个河段2003—2008年和2008—2015年冲淤强度的变化,枯水河槽2003—2008年冲刷强度大于2003—2008年,基本河槽和平滩河槽的冲刷强度,藕池口至城陵矶河段有所减小,其余河段均有所增加。整体而言,三峡水库175m蓄水以来,长江中下游冲刷强度高于蓄水初期的2003—2008年水平。

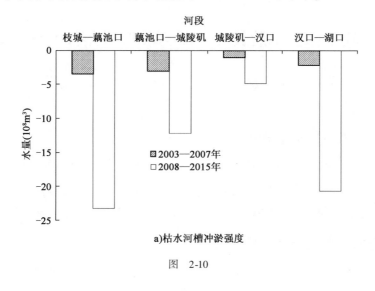

a)枯水河槽冲淤强度

图　2-10

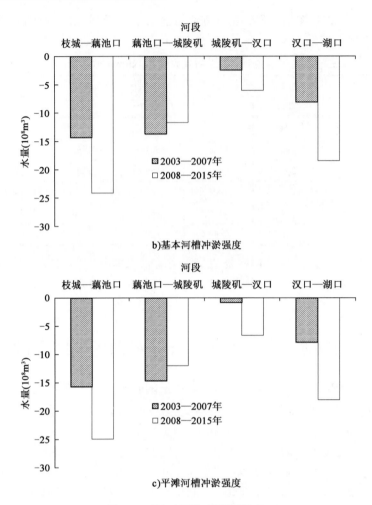

图 2-10　长江中下游冲淤强度变化

2.3　三峡水库蓄水后长江中游河段航道条件整体变化特点

长江中下游河段浅滩演变及航道条件的变化与洲滩的稳定密切相关。三峡水库蓄水后，清水下泄，不同类型的河段，航道条件和碍航特性存在着较大差别。

2.3.1　顺直河段航道条件的变化

三峡水库蓄水后，顺直河段，尤其是长直或放宽过渡段，边滩冲刷、局部岸线崩退等现象的加剧，致使河道展宽、水流分散，浅滩冲刷难度加大，水深条件存在恶化趋势，一些水道河槽已经出现宽浅发展迹象，如斗湖堤水道、铁铺水道、湖广水道等。

2.3.2　弯曲河段航道条件的变化

由于三峡水库蓄水后中枯水流量增大，造成主流位置偏向凸岸，同时，由于来沙急剧减少，水流沿程呈不饱和状态,汛期洪水水流流经凸岸边滩时,边滩被冲刷,汛末又难以回淤,两方面因素的共同作用结果是:凸岸边滩存在着冲刷甚至是切割,同时凹岸深槽淤积。

弯道段凹冲凸淤的变化一方面对自身航道条件产生不利影响,如急弯段出现多槽争流态势;另一方面对上、下游航道条件产生不利影响,如牯牛沙边滩仍呈现了冲刷趋势。鲤鱼山水道在蓄水后表现为黄莲洲心滩冲刷,左岸库家湾边滩上段冲刷,增加了进口河宽,在黄莲洲右槽冲刷发展的同时,北槽航道条件趋差。

2.3.3 分汊河段航道条件的变化

三峡水库试验性蓄水后,由于分汊河段航道的主要控制边界如江心洲洲头及边滩的萎缩,造成分汊河段分流处河道展宽、水流摆动空间增大,影响航槽位置及水深的稳定;同时,滩槽周期性变化,在滩槽形态不良时期易在汊道口门、放宽段、过渡段等处形成浅滩碍航。

对于顺直分汊段而言,由于放宽率有限,往往使得心滩狭长而且低矮,稳定性较差,加上上游河势调整的影响,容易出现心滩周期性地左右移动并与左右岸的边滩相连,在心滩移动、航槽移位的过程中,易造成两侧通航条件较差,没有固定的航槽。如界牌河段新淤洲头与其上游左右侧边滩的周期性淤并,杨林岩河段南阳洲头部与其上游左侧边滩的周期性淤并。九江水道的蝙鱼滩左汊为支汊,蓄水后受上游河势的影响,左汊表现为一定的发展趋势,影响主汊道航道条件的维持。

对于弯曲型和鹅头型分汊河段而言,江心洲相对高大,演变周期始于低矮心滩或者江心洲的切割,止于稳定江心洲的再次形成,各演变时期,浅滩都会出现碍航,仅碍航的程度不同,主支汊易位期间航道条件最为恶劣。如陆溪口河段,该河段汊道周期性交替的一般过程是以新洲洲头被切割,形成新中港为开始,历经新中港的发展、弯曲、平移、与老中港合并,直到洲头再次被切割,形成新中港为结束。在这个过程中,左汊与右汊分流比不断变化,中港的平面形态也随着汊道的变化而变化。新中港刚产生时,流路顺直,为微弯型汊道,曲率半径较大。之后其随着中洲右缘的崩退而逐渐左移、弯曲,曲率半径逐渐减小,直至发展至老中港的极限位置,呈鹅头外形。在新洲洲头被切割开始下一个周期时,陆溪口整个水道的水流分散、洲滩不稳、航槽易变,直港分流量减小,直港浅区的航道条件将会恶化,陆溪口水道的碍航局面加重。戴家洲水道在蓄水后,左岸的巴河边滩冲刷萎缩,整治工程进一步加剧了萎缩趋势,2007年冲刷消失,加大了直水道和圆水道进口河宽,使得两水道进口存在明显的过渡段浅区,2014年测图显示,右岸侧的迟湖港心滩尾部冲刷崩退较大,迫使戴家洲水道进口的主流摆动空间增加,使得航道条件趋差,尤其是对于6.0m航道等级提升。

2.4 小 结

本章通过分析长江中下游主要水文站实测水沙数据,总结了三峡水库蓄水运用后长江中下游水沙变化特征,归纳了新水沙条件下长江中下游河床整体变化特点和航道条件总体变化特点,重点分析了分汊河段河床变化特点及航道条件对新水沙变化的响应规律。本章主要结论如下:

(1)从来水来沙特征看,三峡水库蓄水后,水库下游径流总量变化不大,径流量的沿程变化仍然主要受沿程分汇流情况以及区间汇流影响。三峡水库蓄水拦沙对坝下游河段输沙量影响显著：三峡坝下各站输沙量显著小于蓄水前，且随蓄水进程的推进而进一步明显减少，即试验性蓄水期的年均输沙量少于蓄水初期年均输沙量；由于沿程冲刷及支流入汇的泥沙补给，下游各站输沙量沿程增大，监利以上各站含沙量沿程迅速增加，距坝越远，减沙幅度越小。

（2）从河床整体变化特点来看，三峡水库蓄水后的2003—2007年，沙质河床河段冲刷沿程有冲有淤，试验性蓄水期内，河段沿程冲刷，冲刷强度沿程减小；沙质河段的冲刷主要集中在枯水河槽，枯水河槽的冲刷既有深泓的冲刷下降，也伴随河槽的总体展宽，且深泓刷深较小的河段，枯水河槽展宽幅度较大，反之亦然。

（3）从航道条件整体变化特点来看，三峡水库蓄水后长江中下游河段洲滩冲刷、岸线崩退、支汊冲刷，局部河段向宽浅方向发展，主流摆动空间增大，在分汊口门、弯道段及两弯道之间的长直或放宽过渡段的航槽不稳定性加大，易造成浅滩水深不足。

（4）从分汊河段演变特征及航道条件变化来看，三峡水库试验性蓄水后，由于分汊河段航道的主要控制边界如江心洲洲头及边滩的萎缩，造成分汊河段分流处河道展宽、水流摆动空间增大，影响航槽位置及水深的稳定；同时，滩槽周期性变化，在滩槽形态不良时期易在汊道口门、放宽段、过渡段等处形成浅滩碍航。

第 3 章 多汊通航条件下通航汊道选取及整治参数确定方法

对于分汊河道的航道治理而言，首先要解决的就是确定通航的主要汊道，并根据所选汊道的变化特性，制定相应的治理对策，目前通航汊道选取理论主要是选取一汊作为通航主汊道的，针对分汊河段存在多汊通航利用的要求研究存在不足，还需进一步针对多汊通航条件段开展通航汊道选取技术研究。

航道整治参数的确定，直接决定了航道水深标准的控制基面、冲深强度和冲刷历时及整治效果，是解决浅滩整治工程中关键技术难题的核心。针对通航主汊而言，在汊道冲刷非平衡条件及多汊航道水深利用等条件下仍较难使用。对此，本章研究多汊通航条件下整治水位与整治线宽度之间的相关关系，建立考虑汊道冲淤不平衡、满足多汊航道水深条件下的整治参数确定方法，为长江中下游多分汊河段的航道整治工程设计提供理论支撑。

3.1 多汊通航条件下的汊道选取技术

3.1.1 以单汊通航为主的通航主汊道选取方法

以单汊通航为主河段的通航主汊道的选择问题，实质为分汊河段的航线选择问题，远较单一河槽河型航线规划复杂。通航主汊道选取的普遍原则为"分水多、分沙少"，并呈现发展的汊道，但实际工程中这一汊道很难长期满足，若选取不当，将直接导致工程效果无法发挥，同时还可能对后续的航道规划产生不利影响。依据长江中下游河床演变、碍航特性及外部环境的制约，双分汊河段通航主汊道选取方法如下。

航道治理河段近期通航主汊地位未发生变化，若支汊的分流比相差较大时，尽管支汊由于三峡水库蓄水后中枯水流量持续时间增加，得到一定的发展，但主汊的分流比仍占明显优势，即通航主汊道仍沿用以往通畅主汊道，并采取措施限制支汊的进一步发展，塑造主汊目标河型，使得航道条件维持相对稳定。如长江中下游的天兴洲水道、马阻水道、九江水道、东北横水道、张家洲南水道、窑监河段等。

航道治理河段近期出现过主支汊易位现象，且支汊近期的分流比接近，目前航道情况仍存在主支汊易位的可能，但其中一汊道的发展速度相对快于另一汊道，结合上游河段的河势变化，初步确定通航主汊道。再依据历史时期两汊河型发展历程，寻求目标河型，如戴家洲河段。多级分汊的江乌河段、东流水道等，近期均出现主汊和支汊的易位现象，且多级分汊，航道难于选择，则需通过历史时期航道条件核查，寻找最佳通航主汊道航路，结合河道及航道变化的趋势预测成果确定通航主汊道及规划航路。

外部环境制约较大的河段,通航主汊道的选取受制于外部环境的影响,如沙市河段,受制于长江沙市大桥通航的限制。同时由于水流条件较差也不能选取发展的汊道,如马当南水道左槽,虽处在发展之中,但出口马当矶航行困难,只能选取右槽作为主通航汊道。

3.1.2 多汊通航条件下的通航汊道选取方法

多汊通航时通常采用单向通航的方式,即多汊有不同的通航尺度要求,在保障主汊通航的同时,也充分保护和利用支汊的航道资源。

3.1.2.1 通航汊道选取原则

为了满足船舶的安全通航,多汊通航河段汊道的选择首先应考虑通航组织的适应性;不同汊道还应从各自港口的发展需求考虑其通航定位;从建设角度考虑,通航汊道需要具有相对稳定的河势条件和相对较好的建设条件,并考虑航道建设的经济合理性;在日益注重生态环境的今天,环境保护的要求也是通航汊道选择必须考虑的重要制约因素。通航汊道的选择原则主要包括:

1)应符合通航安全的要求

分汊河段往往为通航繁忙航段,航道建成后,往往又面临船流密度增加和船舶大型化的压力,加之航道沿程码头营运作业和工程建设频繁。因此,在选择汊道时应充分重视通航组织要求,选择通航安全保障度高和通航效率高的汊道方案。

2)应满足沿江城市经济发展,考虑现有的港口布局和发展需求

航道的建设是为沿江经济、沿江两岸港口服务的,通航汊道的选择应从沿江港口的总体要求出发,在分汊河段还应兼顾具体港口的发展需求。

3)应顺应河势,符合工程河段演变规律,稳定性好,年维护量少

分汊河段是河流中常见的一种河型,在平原河流中、下游分布更为广泛,各汊之间通常有"30年河东,30年河西"此消彼长、交替兴衰的特点。多分汊河段主次汊道更替更为频繁,为保证航道全程贯通且稳定运行,汊道的选择应顺应河势,充分考虑汊道的长期稳定和发展前景,充分利用河道自然条件,尽量选择河势稳定的汊道作为通航主汊道。工程方案应顺应工程河段河势变化规律,且实施难度相对较小,航道建成后维护难度较小。

4)应注重生态和环境保护

汊道的选择应充分重视生态和渔业保护需求,选择影响程度较小的选汊方案,注重生态和环境保护。

3.1.2.2 通航汊道选择评价因素

1)汊道的稳定和发展趋势

航道选汊必须慎重,从河床演变发展规律的角度出发,因势利导,选择稳定性和有发展趋势的汊道按以下原则确定:发生冲刷、来沙量小于输沙能力、底沙进入较少的、分流比大于分沙比的汊道一般呈发展趋势,反之呈衰竭趋势。

2)通航条件

航道建设河段往往为通航繁忙航段,而且在分汊河段船流状况尤为复杂,航道建成后,往往又面临船流密度增加和船舶大型化的压力,加之航道沿程码头营运作业和工程建设频繁。

为了满足船舶的安全通航,汊道的选择首先应考虑通航组织的适应性,需考虑航道建成后船流密度增加和船舶大型化的压力,加之航道沿程码头营运作业和工程建设频繁。因此,在选择汊道时应充分重视通航组织要求,选择通航安全保障度高和通航效率高的汊道方案。

3)沿江港口发展需求适应性

航道的建设是为沿江经济、沿江两岸港口服务的,沿岸港口建设和产业带发展对航道建设存在迫切需求,而众多涉水行业、企业和部门针对深水航道建设的利益诉求各不相同,关系复杂。通航汊道的选择应从沿江港口的总体要求出发,在分汊河段还应兼顾具体港口的发展需求。因此,航道选汊应选择为沿江港口发展需求适应性较好的方案。

4)工程技术可行性

汊道整治比单一河槽整治复杂,应慎重对待,航道整治工程的根本目标是要"快、好、省"地达到预期建设目标,作为整个航道整治工程的基础环节,航道选汊必须着重考虑技术可行性,包括工程效果、工程量及费用、航道后续维护情况三方面。例如长江下游福北水道水域相对宽阔顺畅无急弯,沿江港口发展需求迫切,却无法开通双向航道,正是因其技术可行性方面的劣势。福北双向方案因此而被否决,可见技术可行性在多分汊河段的选汊过程中具有一票否决的重要地位。

5)生态环境

通航汊道的选择应充分重视生态和渔业保护需求,选择影响程度较小的选汊方案,注重生态和环境保护。

6)其他相关利益及影响

选择通航汊道时,要兼顾其他部门的利益,充分考虑所在地区的工业发展、城镇规划、交通布局等方面因素,以利于当地经济发展。此外,需要特别重视选汊与防洪之间的关系,避免加重对防洪能力较弱一汊的负担。

3.1.2.3 汊道稳定性判断指标研究

多汊河段包括江心洲顺列的多汊河段和江心洲并列的多汊河段,洲滩冲淤变化频繁,主支汊兴衰交替的周期短,各支汊间分流分沙变化复杂,造成总体河势不稳定,对航道稳定不利。因此,对多分汊河段特别是江心洲并列河段选汊而言,必须采取合适的汊道稳定性指标,对汊道的稳定性进行评价。目前常采用的指标有河道综合稳定系数、河道尺度参数。

1)河床稳定系数

河床稳定系数包括纵向稳定系数、横向稳定系数和综合稳定系数。

(1)纵向稳定系数。

河床在纵向的稳定性可用希尔兹数的倒数,也可用爱因斯坦的水流强度函数 $\dfrac{(\rho_s - \rho)d}{\rho h J}$ 等表达,对于天然沙, $\dfrac{\rho_s - \rho}{\rho}$ 为常数,则纵向稳定系数为:

$$\varphi_h = \dfrac{d}{hJ} \tag{3-1}$$

式中:ρ_s、ρ——泥沙及水的密度;

h——平滩水深;

d——床沙平均粒径；

J——比降。

该比值越大，河床纵向越稳定。

洛赫京早年所提出的稳定系数：

$$\varphi'_h = \frac{d}{J} \tag{3-2}$$

(2) 横向稳定性系数。

阿尔图宁提出的横向稳定性系数采用下式计算：

$$\varphi_b = \frac{Q^{0.5}}{J^{0.2}B} \tag{3-3}$$

式中：Q——平滩流量；

J——比降；

B——平滩河宽。

该值越大，表明河床横向稳定性就越大。

(3) 综合稳定系数。

目前，计算综合稳定系数的经验公式较多，比较合适长江河道特点的，可用谢鉴衡建议的综合稳定系数：

$$\varphi = \frac{d}{hJ}\left(\frac{Q^{0.5}}{J^{0.2}B}\right)^2 \tag{3-4}$$

式中：d——床沙中以重量计35%较之为小的粒径；

Q——平滩流量；

B、h、J——与平滩流量相应的河宽、水深、比降。

2) 河道尺度参数

丁君松等运用求最大值的数学分析方法得出了双分汊河道的分汊段与单一段河宽 B、过水面积 A 的关系：

$$B_0 < B_m + B_n \leq 1.37 B_0 \tag{3-5}$$

$$A_0 < A_m + A_n \leq 1.134 A_0 \tag{3-6}$$

其中，脚标 0、m、n 分别代表单一段、主汊、支汊。

同时，他还进一步计算了三汊、四汊的情况。

河宽：

$$B_0 < B_1 + B_2 + B_3 \leq 1.65 B_0 \tag{3-7}$$

$$B_0 < B_1 + B_2 + B_3 + B_4 \leq 1.88 B_0 \tag{3-8}$$

过水面积：

$$A_0 < A_1 + A_2 + A_3 \leq 1.22 A_0 \tag{3-9}$$

$$A_0 < A_1 + A_2 + A_3 + A_4 \leq 1.29 A_0 \tag{3-10}$$

计算了河宽和过水面积随汊数增多的增加率，双汊段比单一段分别增加了 37% 和

13.4%,三汊比单一段分别增加了65%和22%,四汊比单一段分别增加了88%和29%,可见水面宽随汊数增多而增加率总是大于过水面积的增加率。这说明多汊河段为汊道的摆动提供了空间条件,不利于汊道平面形态的稳定。实际情况也是如此,一般的鹅头型汊道,多为3~5汊,冲淤变形的速率大,洲滩消长多变,演变周期短,如长江下游径流河段陆溪口、官洲、黑沙洲等汊道都是如此。

3.2 多汊通航条件下的航道整治参数确定方法

整治参数直接决定了建筑工程量及工程实施效果,将整治工程的参数选取建立在水沙运动特性及河床演变规律基础上尤为重要。但是现有航道整治参数确定方法虽然认识到整治水位和整治线宽度是相互联系的,但两者之间的具体关系仍无法明确,最优的整治水位和整治线宽度的组合不清楚,对分汊河段,特别是存在多汊通航利用要求的河段是极不适应的。

3.2.1 已有整治水位确定方法

已有整治水位的确定方法主要有造床流量法、平滩水位法、临界水位法和经验取值法等。

3.2.1.1 造床流量法

Б.М·马卡维尔夫根据水文站实测的资料,点绘 $Q-Q^2 JP$ 的关系曲线(图3-1)时发现,平原河流常出现两个较大的峰值,其中较大的峰值为第一造床流量 Q_1,约相当于多年平均最大洪水流量,其保证率为1%~6%,相当于水位与河漫滩相平时的流量,通常作为河道整治(洪水整治)水位的标准,另一个峰值对应的流量一般大于多年平均流量,其保证率一般为24%~45%,通常被称为第二造床流量 Q_2。此流量相当于水位与优良河段边滩相平时的流量,用它作为航道整治流量,其相应的水位被称为整治水位。

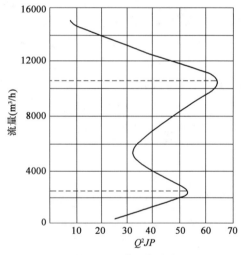

图3-1 $Q-Q^2 JP$ 关系图

3.2.1.2 平滩水位法

优良河段边滩具有较好的束水造床作用,退水期冲刷作用强,能维持枯水河槽达到一定水深要求。平滩水位法就是人为模拟优良河段边滩高程,以期整治河段能塑造出良好的河床形态。Andrew分析了15个水文站的资料表明,平滩流量与泥沙运动量最大的流量基本相当。丁君松等利用水槽试验分析漫滩水流的水流结构及其悬沙运动也得出结论:水流漫滩后,在一定水位范围内,河道的输水输沙能力都比平滩水位时小,且输沙能力比输水能力降低得更多,也就是说河道的输水输沙能力在平滩水位时是相当大的。因此,对于接近平衡状态的河流,平滩情况下断面的宽深比接近最小,河道阻力最大,水沙输移效率最大。这就证明了用平滩流量作为冲积平原河流造床流量的合理性,也为根据平滩水位确定整治水位提供了理论依据。平滩水位具体确定时,可根据与整治河段及其上、下游来水条件一致的优良河段实测地形资料,选取边滩中部的代表断面,自边滩全部淹没以上的某一水位至设计水位时,划分若干个水位及其相应的流量,计算平均流速,绘制水位与平均流速关系曲线,平均流速最大的水位,即为平滩水位。

平滩水位法的基础是,当河道中的水位大于平滩水位时,其水流特性和输沙特性均会发生较大的变化,实际上平滩水位就是归槽水位,而且应选择与研究河段条件相似的优良浅滩河段或浅滩河段优良时期的实测资料来确定。由于航道整治主要针对中枯水河床,平滩水位上、下时河道水流流速与输沙能力具有较大差别,因而取与边滩齐平的水位作为整治水位应有一定的理论支撑。

3.2.1.3 临界水位法

该方法的主要思想是寻找浅滩开始冲刷的水位或者结束冲刷的水位,一般又可分为水位与航深关系法、深槽浅滩水位流速关系法等。其中,对于设计水位以上(如 1～3m)出浅碍航而设计水位时又不出浅碍航的浅滩,可采用水位与航深关系法(图 3-2)。此类浅滩因为汛期淤积量大,浅滩淤高较多,汛后水位降落较快,冲刷时间短,淤沙不能及时冲走,在设计水位以上 1～3m 形成碍航浅情;当水位降落至设计水位时,淤沙又可冲走,航深增大(可达维护航深)而不碍航。因而,可绘制涨水期与落水期浅滩航深随水位(高于设计水位)的关系图。由图可知,落水时航深随水位降落而增大,但至某一水位时达到最大值,然后航深不变或又有减小,说明落至这一水位时冲刷现象已停止,航深不可能达到要求。此时需要加大水流流速,继续维持航槽冲刷,使其达到设计航深要求。

深槽浅滩水位与流速关系法,是取拟整治浅滩及上、下游相邻深槽各级水位下的实测资料,绘制水位—流速关系曲线,寻找浅滩开始冲刷时对应的水位(图 3-3)。深槽与浅滩的两条曲线交于 M 点的水位称临界水位,该水位以下浅滩流速大于深槽流速,可将整治水位定在临界水位 M 附近。事实上在整治工程作用下,M 点将提高到 M',表明整治后增加的浅滩冲刷作用在 M 点以上就显现出来。

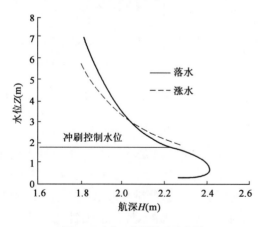

图 3-2 水位—航深关系示意图

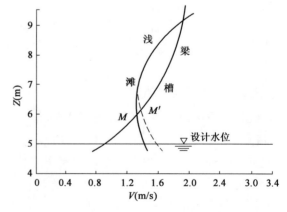

图 3-3 水位—流速关系示意图

3.2.1.4 经验取值法

经验取值法是参考与浅滩河段水沙条件相近的优良河段的边滩高程,结合工程经验来确定整治水位。该方法是建立在大量成功的整治工程基础之上,可靠性良好,其确定的整治水位具有一定参考价值。当所需整治河段的河床演变规律、浅滩冲淤特性、整治工程类型和航道等级要求与经验来源河段一致时,采用经验取值法最好。对于缺少整治成功经验、河段条件差别较大的河流、需提高河段的通航等级或自然条件发生较大变化的河流(如上游修建了水库),该方法的应用受到限制。

我国经过长期对航道整治工程实践,无论是山区河流还是平原河流浅滩整治均已取得的成功经验,得出整治水位为设计水位加上某一超高值(表3-1)。对于山区河流沙卵石浅滩整治水位,大河多采用设计水位以上1.5~2.5m、中等河流多采用1.2~1.8m、小河多采用0.8~1.5m。

我国河流常用的整治水位的超高值(m)　　　　　表3-1

河流名称	长江中下游	湘江株洲—城陵矶	汉江襄阳—汉口	赣江樟树—湖口
超高值	3.0~4.0	1.2~1.8	1.4~1.5	1.5~2.0
河流名称	淮河	西江梧州以下	闽江竹岐以下	松花江
超高值	1.5~2.0	1.2~1.7	1.5~2.0	1.5~2.0
河流名称	东江河源—东江口	北江连江口—河口	岷江乐山—宜宾	漓江桂林—阳朔
超高值	1.0~1.4	1.2~1.5	1.0~1.5	0.8~1.2

3.2.2　已有整治线宽度确定方法

整治线宽度是与整治水位相对应的,二者综合作用的结果是航道满足通航条件要求。目前,整治线宽度确定方法主要有:经验分析法或优良河段模拟法、水力学公式法、河流动力学公式法三种。

3.2.2.1　经验分析法

冲积河流在一定的来水来沙和地质条件下,河床与水沙经过长期相互作用平衡后,具有较稳定的断面形态和宽深比关系,其中符合航道条件的河段即可视为优良河段(或模范河段)。经验分析法又包括了三种方法。

第一种方法是河相关系法。较为常用的河相关系式有Lacey公式

$$w = 1.248 \frac{Q^{5/6}}{f^{1/3}} \tag{3-11}$$

及阿尔图宁公式

$$\frac{B^m}{H} = \zeta \tag{3-12}$$

式中: w——断面面积;

Q——流量;

f——河道阻力系数;

B——河宽;

H——断面平均水深;

ζ——河相系数。

利用河道自身实测资料确定公式中的系数,然后就可求出与整治流量或整治水深相应的河宽。

第二种方法是根据实测资料及有关公式形式,提出优良河段整治水位的河宽 B_2 与浅滩河宽 B_1 之间的比值关系,确定公式中的待定系数。广东省航道局是采用这种方法的典型代表,他们认为整治线宽度公式的一般形式为

$$B_2 = AB_1\left(\frac{H_1}{H_2}\right)^y \tag{3-13}$$

式中:B_1——整治前河宽;

B_2——整治后河宽,即整治线宽度;

A——系数;

y——指数;

H_1、H_2——整治前后的断面平均水深,这种方法是由实际工程整治前、后的实测资料建立的,部分河流的 A 及 y 列于表3-2。

部分河流不同工程的 A 及 y 表3-2

河段名	赣江	东江	北江	韩江	水槽	川江
A	1	0.787	0.854	0.733	1	0.78~0.95
y	1.37	1.373	1.264	1.207	1.5	1.76
泥沙中值粒径 D_m(mm)	0.47~0.57	0.6 左右			0.93	卵石、基岩
数据数目		112	129	35	63	6

第三种方法是根据河道实测资料,找出优良河段整治水位时河宽与断面平均水深之间的函数关系,即 $B_2 = f(H_2)$,且 $H_2 = \eta_2 t_2$,其中 η_2 为与断面形态有关的系数;t_2 为航道边缘水深。唐存本提出的河床断面法就是这种方法的高度概括和发展,他认为:冲积河流在各种水沙组合条件下所塑造出的枯水河床断面形态是在一定的变化范围内的,同时也是航道尺度的具体体现。他依据西江、黄河北干流及湘江某些河段的实测资料,点绘出整治线宽度 B——整治水位 Z 曲线,指出所有曲线的点距相对集中并都落在各自的包络线内,而其内侧线则表示在绘图水位(或流量)保证率情况下,能产生与 B_2 对应的航道水深所发生的概率为1,外侧线则表示响应的概率为0,这种概率的出现原因正是由于河道年际、年内来水来沙过程及其组合不同造成的,因而为使整治后的航道达到水深要求,必须结合浅滩的河床质组成情况,选用内侧线确定整治线宽度。

3.2.2.2 水力学方法

水动力学方法是水流连续方程和运动方程联解,只满足输水要求,与输沙无关,仅靠建筑物壅高水位来满足整治流量下航深要求。

由水流连续方程和运动方程联立可得:

整治前

$$Q_1 = B_1 H_1 U_1 = B_1 \frac{1}{n_1} H_1^{5/3} J_1^{1/2} \tag{3-14}$$

整治后

$$Q_2 = B_2 H_2 U_2 + \Delta Q = B_2 \frac{1}{n_2} H_2^{5/3} J_2^{1/2} + \Delta Q \quad (3\text{-}15)$$

式中：Q、B、H、U、n、J——流量、河宽、水深、流速、糙率和比降；脚标1、2分别表示整治前后；

ΔQ——整治后整治流量时建筑物上方漫流及整治建筑物渗流流量。

在整治流量不变条件下，$Q_2 = Q_1 = Q_0$，式(3-14)和式(3-15)联立可得：

$$\frac{B_2}{B_1} = \left(1 - \frac{\Delta Q}{Q_0}\right)\frac{n_2}{n_1}\left(\frac{J_1}{J_2}\right)^{1/2}\left(\frac{H_1}{H_2}\right)^{5/3} = A\left(\frac{H_1}{H_2}\right)^y \quad (3\text{-}16)$$

式中：

$$\left.\begin{aligned} A &= \left(1 - \frac{\Delta Q}{Q_0}\right)\frac{n_2}{n_1}\left(\frac{J_1}{J_2}\right)^{1/2} \\ y &= \frac{5}{3} \end{aligned}\right\} \quad (3\text{-}17)$$

整治后虽壅水比降减小，阻力增大，但变化较小，一般有

$$\frac{n_1}{n_2}\left(\frac{J_2}{J_1}\right)^{1/2} > 1 - \frac{\Delta Q}{Q_0}$$

即 $A < 1$，若取 $A = 1$，由于 $H_1/H_2 < 1$，意味着 $y > 5/3$。

3.2.2.3 河流动力学方法

河流动力学方法的实质是考虑了水流与河床的相互作用与变化，根据泥沙运动理论及河床演变的某些规律推求整治线宽度公式。

乐培九和李旺生提出了"在输沙平衡状态下河床相对稳定，其相对可动性应最小"假定，即：

$$\frac{\mathrm{d}\left(\frac{\tau_c}{\tau}\right)}{\mathrm{d}t} = 0 \quad (3\text{-}18)$$

式中：τ_c——床沙临界起动剪力；

τ——床面剪力。

求得仍形同式(3-6)的基本公式，式中系数 A 及指数 y 分别为：

悬移质输沙时

$$\left.\begin{aligned} A &= \left(1 + \frac{\Delta Q}{Q_0}\right)^{\frac{5-3x}{4-3x}} \\ y &= \frac{11 - 7x}{8 - 6x} \end{aligned}\right\} \quad (3\text{-}19)$$

式中，$\Delta Q = Q_2 - Q_1$ 为整治水位时整治前后流量差，见图3-4；$Q_1 = Q_0$ 为整治流量；x 为泥沙沉速 ω 与粒径关系中的指数，悬沙与床沙粒径同属层流区，$x = 2$，$y = 0.75$；同属紊流区 $x = 0.5$，

$y=1.5$;过渡区 $y=0.75\sim1.5$。

推移质输沙平衡时

$$A = \left(1 + \frac{\Delta Q}{Q_0}\right)^{9/7} \brace y = 1.5$$ (3-20)

图 3-5 所示是整治后河床冲刷,河底下切后水位流量关系与整治前原河床相比的总趋势,取 $Q_2=Q_1$,即 $\Delta Q=0$,$A=1$。由图可知,在此情况下,Z_2 是整治水位,未知。

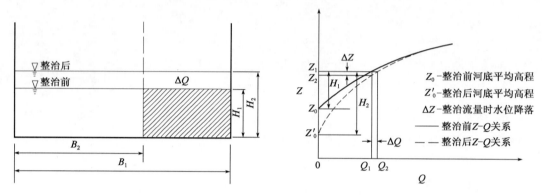

图 3-4　定床整治示意　　　　　图 3-5　整治前后 Z-Q 关系示意

式(3-13)中 y 是床沙粒径的函数,式(3-20)潜于其中,说明悬移质与推移质属同一规律。

整治前后输沙能力平衡法的基本观点是:浅滩整治前后通过的流量不变,河道输沙能力不变,以及达到设计水位后,临底流速等于正常输沙流速。该方法略去复杂的冲刷过程不予考虑,应用扩散理论,采用卡拉乌舍夫悬沙输沙公式,经过一系列的复杂推导过程,最终得到如下整治线宽度公式:

$$B_2 = B_1^m \left(\frac{H_1^m}{\eta_2 t_2}\right)^{1.5}$$ (3-21)

其中:

$$m = \frac{2.12 a^{1.5} Q^{1.5} + 0.34 \omega B_1^{1.5} H_1^{1.5}}{2.12 a^{1.5} Q^{1.5} + 0.34 \omega B_2^{1.5} H_2^{1.5}}$$

卢汉才在认同输沙平衡原理的同时,指出式(3-21)引用的输沙公式未尽合理,并且在计算方法上没有论证应该根据哪一级流量来计算,他们根据相同的假定,采用窦国仁底沙输沙率公式,推导出底沙为主的整治线宽度公式:

$$B_2 = B_1 \left(\frac{H_1^m}{\eta_2 t_2}\right)^y$$ (3-22)

式中:y——随相对流速 V/V_0 而变的指数,也即为 B_2、H_2、V_2、d 的函数。

整治线宽度确定方法见表 3-3。

整治线宽度确定方法　　　　　　　表 3-3

方法	代表	依据原理	公式形式	备注
经验分析法	阿尔图宁	河相关系	$\dfrac{B^m}{H} = \zeta$	B 为河宽；H 为断面平均水深；ζ 为随河床形态而变的系数
经验分析法	广东省航道局	优良河段整治水位的河宽 B_2 与浅滩河宽 B_1 之间的比值关系	$B_2 = AB_1 \left(\dfrac{H_1}{H_2}\right)^y$	B_1、B_2 为整治前后的河宽；H_1、H_2 为整治前后的断面平均水深，A、y 为待定系数
水力学方法		明渠恒定均匀流的连续性方程和运动方程	$B_2 = \dfrac{1}{CH_2^{3/2} J_2^{1/2}} Q$	J_2 为整治后水面比降；C 为谢才系数
水力学方法	罗辛斯基	明渠恒定均匀流的连续性方程和运动方程	$B_2 = (K_\alpha^5 n^3)^{2/11} \left(\dfrac{Q}{J^{1/2}}\right)^{6/11}$	K_α 为与河型有关的系数；n 为曼宁糙率系数
水力学方法	格里沙宁		$B_2 = \left(\dfrac{J_1}{J_2}\right)^{1/2} \left(\dfrac{\alpha_2}{\alpha_1}\right) B_1 \left(\dfrac{H_1}{\eta_2 t_2}\right)^{3/2}$	α_1、α_2 为整治前后与河床形态有关的系数
河流动力学方法	格里沙宁	浅滩缩窄整治后，从浅滩上冲刷至下深槽的泥沙数量应等于每年淤积在航道底高程以上的泥沙数量	$\left(\dfrac{V_2}{V_1}\right)^3 \left(\dfrac{V_2}{V_1} - \dfrac{V_{02}}{V_{01}}\right) = \dfrac{\Delta Y_2}{\Delta Y_1} \left(\dfrac{V_{02}}{V_{01}}\right)^2 \dfrac{d_1}{d_2} \left(1 - \dfrac{V_{01}}{V_1}\right)$	V_0 为泥沙颗粒止动流速。未考虑河道上游的来水来沙这一重要因素，因而是有缺陷的
河流动力学方法	贡炳生	挟沙水流能量相对平衡	$B_s \Delta H \gamma_s = \displaystyle\int_{T_1}^{T_2} \Delta g \, dt$	在理论上较为严整，存在的问题：未考虑上游来水来沙；其次冲刷过程并不仅仅在整治水位与设计水位之间；计算较为复杂
河流动力学方法	斯屈奥伯	从河道沿程输沙平衡观点长距离河道缩窄后流量、输沙率不变	$\dfrac{H_2}{H_1} = \left(\dfrac{B_1}{B_2}\right)^{3/7} \left\{ \dfrac{-\dfrac{\tau_c}{\tau_1} + \left[\left(\dfrac{\tau_c}{\tau_1}\right)^2 + 4\left(1 - \dfrac{\tau_c}{\tau_1}\right)\left(\dfrac{B_1}{B_2}\right)^{\frac{1}{2}}\right]}{2\left(1 - \dfrac{\tau_c}{\tau_1}\right)} \right\}^{\frac{3}{7}}$	τ_c 为泥沙起动临界切应力。不足是公式运用的流量级不明确，同一断面整治前后形态的调整是否与沿程断面调整的机理完全相同
河流动力学方法	窦国仁	整治前后输沙平衡原理	$B_2 = B_1^m \left(\dfrac{H_1^m}{\eta_2 t_2}\right)^{1.5}$	m 为随河道流量、泥沙颗粒沉速、缩窄率而变化的系数
河流动力学方法	卢汉才、刘建民	整治前后输沙平衡原理	$B_2 = \left(\dfrac{a_2}{a_1}\right)^{y_a} \left(\dfrac{d_1}{d_2}\right)^{y_d} \left(\dfrac{Q_2}{Q_1}\right)^{y_Q} B_1 \left(\dfrac{H_1}{\eta_2 t_2}\right)^{y_H}$	

3.2.3 整治水位与整治线宽度之间的关系

整治水位时要求河面束窄的宽度为整治线宽度。整治水位(整治流量)与整治线宽度是统一的整体,两者是有机联系、一一对应、成对出现的,前者定得较高时,后者可相对取得较大;反之,则后者相对较小。也就是说,整治线宽度的计算应在整治水位时进行,不能任选一水位进行计算。

整治线形主要包括整治线的位置、走向和形态,是在航道规划设计中需要研究和解决的难题之一,对工程效果和工程量有较大影响。不同的整治水位对应不同的整治线宽度,而整治线宽度又与走向密切相关,尤其对于需要整治的水流结构的整治河段,整治线的布置对整治宽度的确定具有更为重要的影响。

人们一般认为:整治水位定得高,整治线宽度就可以大些;整治水位低,整治线宽度就要小些。这句话往往给人一种假象,即认为整治水位与整治线宽度之间满足关系式:

$$B_x H_y = C \quad (C 为一常数) \tag{3-23}$$

实际上式(3-23)中的常数 C 并不是固定不变的,它随整治水位的高低不同而发生变化,整治水位定得较高时,整治前水深 H_1 和河宽 B_1 均较大,与之对应的航道水深 H_2 和河宽 B_2 也就较大;整治水位定得较低时,整治前后的水深和河宽都较小。每一个整治水位都对应一个常数 C,不同整治水位下的整治线宽度之间并不具备可比较性,其大小也不确定。所谓的整治水位定得高,整治线宽度大,整治水位低,整治线宽度小是与整治前河宽相比的结果,即整治前后河宽比值的大小关系是具有相当性的,而不是绝对的数值大小关系。这说明不能用整治水位越高,整治宽度越小的观点直接判断整治参数关系,而应建立两者之间的联系。

对于多分汊河段,整治参数的确定涉及很多整治工程对分流分沙、汊道阻力、河槽容积的改变;分汊河道主支汊均考虑通航时,由于主汊和支汊通航标准与整治流量都不同,同时考虑主支汊整治参数;此外,对分汊河段,需要考虑更多的边界条件,如来水来沙边界等,建立多目标水深通航尺度与整治参数的相关关系。

3.2.4 基于相关关系建立的多汊通航条件下航道整治参数确定方法

3.2.4.1 整治参数公式的建立

在冲积性平原河流中,基于"同一浅滩在不同整治参数组合下达到相同整治效果"的概念,以浅滩整治的泥沙输运量为结点,联合整治水位和整治线宽度,研究两者之间的制约关系。即

$$\sum G_{S1} = \sum G_{S2} \tag{3-24}$$

$\sum G_{S1}$、$\sum G_{S2}$ 分别表示在两种不同整治水位与整治线宽度组合下,浅滩冲刷达到设计要求水深时的输沙总量。

$$\sum G_S = \int_0^T \int_0^B g \mathrm{d}b \mathrm{d}t \tag{3-25}$$

式中:g——浅滩整治后的单宽输沙率;

B——采取整治工程措施后的河宽;

T——浅滩的冲刷时间,忽略浅滩在整治水位以上的复杂冲刷时段,即认为冲刷时间集中在整治水位降至设计水位的时段,取 T 为整治水位降至设计水位的历时时长。

那么式(3-25)可写为:

$$\sum G_\mathrm{S} = \int_{T_Z}^{T_S}\int_0^B g\,\mathrm{d}b\,\mathrm{d}t \tag{3-26}$$

式中:T_Z、T_S——对应整治水位和设计水位的时刻。

由于整治水位至设计水位的历时不长,水位随时间基本上呈线性变化关系,可假设 $\mathrm{d}z = -\dfrac{1}{k}\mathrm{d}t$,$k$ 即为水位随时间的变化率,将式(3-26)积分换元,可得:

$$\sum G_\mathrm{S} = k\int_{Z_S}^{Z_Z}\int_0^B g\,\mathrm{d}b\,\mathrm{d}z \tag{3-27}$$

式中:Z_Z、Z_S——整治水位和设计水位高程。

若又近似地认为 g 在此时段内也是线性变化的。那么,式(3-27)可写为:

$$\sum G_\mathrm{S} \approx \frac{k}{2}\Delta Z\left(\int_0^{B_Z} g\,\mathrm{d}b + \int_0^{B_S} g\,\mathrm{d}b\right) \tag{3-28}$$

式中: B_Z、B_S——对应整治水位和设计水位的河宽;

$\Delta Z = Z_Z - Z_S$——整治水位超高值。

由于设计水位时浅滩无须冲刷,此时的断面输沙率 $\int_0^{B_S} g\,\mathrm{d}b = 0$,所以有

$$\sum G_\mathrm{S} = \frac{k}{2}\Delta Z\int_0^{B_Z} g\,\mathrm{d}b \tag{3-29}$$

式中:$\int_0^{B_Z} g\,\mathrm{d}b$——整治水位对应的断面输沙率。

用沙莫夫的底沙断面输沙率公式 $G = Kd\left(\dfrac{U}{U_\mathrm{H}}\right)^3 U_\mathrm{H}\left(\dfrac{U}{U_\mathrm{H}}-1\right)\left(\dfrac{d}{H}\right)^Z B$ 代替式(3-29)中的 $\int_0^{B_Z} g\,\mathrm{d}b$,将等式(3-24)化为如下等式:

$$\frac{k}{2}\Delta Z_1 K d_1\left(\frac{U_1}{U_{\mathrm{H}1}}\right)^3 U_{\mathrm{H}1}\left(\frac{U_1}{U_{\mathrm{H}1}}-1\right)\left(\frac{d_1}{H_1}\right)^Z B_{Z1} = \frac{k}{2}\Delta Z_2 K d_2\left(\frac{U_2}{U_{\mathrm{H}2}}\right)^3 U_{\mathrm{H}2}\left(\frac{U_2}{U_{\mathrm{H}2}}-1\right)\left(\frac{d_2}{H_2}\right)^Z B_{Z2} \tag{3-30}$$

式中: k——常系数;

d——泥沙平均粒径;

U——断面平均流速,$U = Q/BH$;

H——断面的平均水深;

B_Z——整治水位对应的河面宽度;

Z——指数,一般为 $1/6 \sim 1/4$,采用 $1/4$;

U_H——止动流速，用沙莫夫公式计算，$U_H = 3.83 d^{1/3} H^{1/6}$；

下标 1、2——不同整治参数组合对应的物理量。

为方便计算,将式(3-30)中$\dfrac{U}{U_H} - 1$改写为$\dfrac{U}{U_H} - 1 = \alpha \left(\dfrac{U}{U_H} \right)^m$，$m$的取值见表3-4。

m 值与 $\dfrac{U}{U_H}$ 的关系   表3-4

$\dfrac{U}{U_H}$	$1.1 < \dfrac{U}{U_H} < 1.5$	$1.5 < \dfrac{U}{U_H} < 2.5$	$2.5 < \dfrac{U}{U_H} < 10$
m	5.36	2.22	1.26

则式(3-30)可以化简为：

$$\Delta Z_1 d_1 \left(\frac{U_1}{U_{H1}} \right)^{3+m} U_{H1} \left(\frac{d_1}{H_1} \right)^{1/4} B_{Z1} = \Delta Z_2 d_2 \left(\frac{U_2}{U_{H2}} \right)^{3+m} U_{H2} \left(\frac{d_2}{H_2} \right)^{1/4} B_{Z2} \quad (3-31)$$

经过一系列化简后可得：

$$\frac{\Delta Z_1 Q_1^{(3+m)} d_1^{(7-4m)/12}}{B_{Z1}^{2+m} H_1^{(43+14m)/12}} = \frac{\Delta Z_2 Q_2^{3+m} d_2^{(7-4m)/12}}{B_{Z2}^{2+m} H_2^{(43+14m)/12}} \quad (3-32)$$

最后得：

$$\frac{B_1}{B_2} = \left(\frac{\Delta Z_1}{\Delta Z_2} \right)^{\frac{1}{2+m}} \left(\frac{Q_1}{Q_2} \right)^{\frac{3+m}{2+m}} \left(\frac{d_1}{d_2} \right)^{\frac{7-4m}{24+2m}} \left(\frac{H_2}{H_1} \right)^{\frac{43+14m}{24+12m}} \quad (3-33)$$

式中：B_{Z1}、B_{Z2}——不同整治水位对应的河面宽度；

ΔZ_1、ΔZ_2——不同整治水位对应的浅滩整治后的水位超高值；

m——经验参数；

Q_1、Q_2——不同整治水位对应的水位流量；

H_1、H_2——不同整治水位对应的浅滩整治后的断面平均水深；

d_1、d_2——不同整治水位对应的浅滩整治后河床推移质的平均泥沙粒径。

3.2.4.2 公式验证

收集具体河段的研究资料，验证公式的正确性。利用南京水利科学研究院实验室数据资料，对比B_{Z2}/B_{Z1}的理论计算值和试验值，结果表明公式具有较高的吻合度。对比结果如图3-6所示。

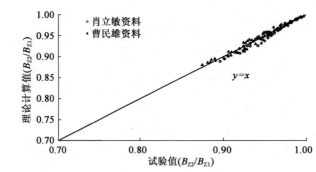

图3-6 B_{Z2}/B_{Z1}理论计算值与试验值的比较

3.2.4.3 整治参数公式应用

公式在具体应用时,整治参数的确定可以按照以下两步进行:

(1)整治参数的初步确定。按照传统方法确定整治参数,对于整治水位,可以运用经验取值法、平滩水位法或者临界水位法等加以确定,在此基础上,进一步利用经验法、水力学方法或河流动力学方法确定整治线宽度,获得第一组整治参数组合($\Delta Z_1, B_{Z1}$)。

(2)运用公式(3-33)确定同时满足防洪与通航需求的整治参数。在步骤(1)的基础上,按照河道防洪控制要求调整整治水位得到新的整治水位超高值 ΔZ_2,确定相关物理量 Q_2、H_2 和经验参数 m 并代入到公式(3-33)中,求得新的整治线宽度 B_{Z2},整治参数组合($\Delta Z_2, B_{Z2}$)将同时满足防洪与通航的需求。

3.3 小　　结

本章主要针对分汊河段多汊水深利用需求,对通航汊道选择的原则和评价因素进行了研究,并提出了联合整治水位和整治线宽度的整治参数确定方法,建立了整治参数与多目标通航尺度的关系。本章主要结论如下:

(1)分汊型河流是冲积平原河流的常见河型,分汊河段水沙条件常不稳定,洲滩不稳甚至主支汊易位,对航道建设和维护产生不利影响,因此,分汊河段的通航汊道选择是分汊河段航道整治的首要问题。本文通过提炼总结已有选汊工程经验,结合分汊河段特征,提出了多汊通航条件下通航汊道选择的选汊原则和评价因素。

(2)对国内外关于整治水位和整治线确定方法总结归纳,从理论和实际运用来看,现有航道整治参数确定方法虽然认识到整治水位和整治线宽度是相互联系的,但两者之间的具体关系仍无法明确,最优的整治水位和整治线宽度的组合不清楚,对分汊河段,特别是存在多汊通航利用要求的河段是极不适应的,需要基于两者的关联特性提出新的航道整治参数确定方法。

(3)针对分汊河段多汊水深利用需求,基于"同一浅滩在不同整治参数组合下达到相同整治效果"的概念,以浅滩整治的泥沙输运量为结点,提出了联合的整治水位和整治线宽度确定关系,建立了整治参数与多目标通航尺度的关系。通过与已有试验资料比较,对该整治参数确定方法的可靠性进行了验证,可用于多汊通航指导工程方案设计工作。

第4章 长江中下游分汊河段滩槽格局调控工程区及工程措施研究

长江中下游河道河宽相对较大,若采用密集的梳子形丁坝群进行全河段整治,其工程量将十分浩大,在经济上也不可行。密西西比河、莱茵河等采用了密布的丁坝群对河道进行控制,对河势防洪、生态等产生较大影响,在长江中下游河道是河势防洪、生态保护、取水等重要区域,实施全控型航道整治措施的不可行的,进一步凸显了航道整治工程的总平面布置的重要性,使得局部控制型航道整治措施成为长江下游航道整治的基本理念。由于局部控制,对河道平面形态变化存有较大调整空间,如何通过局部滩槽形态的控制,达到中水河势和航线稳定是研究的关键。在航道整治过程中,也应抓住有利的时机,通过有效的工程措施实现最优滩槽形态布局,可大幅减少航道整治的工程量。

在坝下河段达到冲刷平衡前,航深不断增大,对可变洲滩的平面守控就可以实现与传统的立体式调整型航道整治工程类同效果。对于守护型工程,本章建立了限制性的守护工程实施后最大航深,若规划航深高于守护工程可达到的最大航深,需采用调整型工程。对于调整型工程,本章基于概化模型试验,对其平面布置进行了研究,提出了一种适用于分汊河型的调整型工程体量(主尺度)确定的方法。研究成果可为整治建筑物类型选取提供理论依据。

4.1 滩槽格局调控工程区的确定

三峡水库蓄水后,上、下游之间的河势关联性逐渐凸显,相邻河段演变的联动性包括两个方面,其一是水流特性的联动,其二是洲滩演变的联动。以长江中游荆江河段为例,在荆江河段大埠街以上的砂卵石河段,联动性主要表现为前者,主要是枯水位变化的沿程传递;大埠街以下的沙质河段,联动性主要表现为后者,即上、下游河段洲滩演变的相互影响。

随着上游大型水库群的运用,关联性还将进一步加剧。以往的航道整治工程工程区一般设置在本河段内,考虑到上、下游河势关联性,对联动性强的河段,在上游设置工程区,减缓或避免上游河势调整对整治河段的影响,可以达到事半功倍的效果。本书提出上、下游河势联动判别指标,并采用该指标,选择工程区,具体步骤为:首先对研究河段进行联动控制因素分析,并计算联动演变过程判别指标,分析整治河段上、下游联动强弱。对于联动性弱的,采用以往的做法,根据碍航特性设置工程区;对于联动性强的,可考虑在分汊河段上游的单一河段布设工程区,进行联动治理。

4.1.1 联动指标基本理论

根据由星莹等的研究成果,本书提出上、下游河段之间的联动指标,见式(4-1),其为水流摆动力指标与河道约束力指标之间的比值。

$$\frac{R_0}{R_*} = \frac{\left\{\left(\dfrac{Q}{\sqrt{R_*}} \times \dfrac{Q_{\max} - Q_{\min}}{\lambda Q_{\max}}\right)^2 \times \dfrac{\zeta\left[5 - 4\left(\dfrac{B-L}{B}\right)\right]}{\varphi}\right\}^{\frac{1}{3}}}{\left[gB^{\frac{5}{2}}\left(Jh_0^{2/3} + \dfrac{Md^{1/3}}{\rho}\right)\right]^{\frac{1}{3}}} \quad (4\text{-}1)$$

其中：

$$\lambda = \frac{B - L}{B} \quad (4\text{-}2)$$

式中：R_0——水流动力轴线弯曲半径，m；

　　　R_*——河道深泓弯曲半径，m；

　　　Q——流量，下脚标 max、min 分别表示最大、最小值，反映流量变幅，m³/s；

　　　ζ——平滩河相系数；

　　　L——矶头或节点突出岸线长度，m；

　　　d——河床中值粒径，m；

　　　B——平滩河宽，m；

　　　h_0——平滩水深，m；

　　　J——坡降。

由边界条件综合参数 Γ 和水流条件综合参数 Λ 组成，如下式：

$$\Psi = \Gamma^{0.1} \Lambda^{0.05} \quad (4\text{-}3)$$

由长江中下游大量的实测资料分析，拟合得到边界条件综合参数和水流条件综合参数的表达式，其中：

$$\Gamma = M \times \left(\frac{D_{L2} \times D_{R2}}{D_{L1} \times D_{R1}}\right)^{0.6} \times \frac{1}{L'^{0.05}} \quad (4\text{-}4)$$

式中：M——河岸地质评分，与土层分类有关：上部为黏性土与砂层互层、夹砂类透镜体，下部为砂层的多元结构单一砂层 M 取 60~70；上部黏性土层厚<5m，下部为砂层的二元结构或上部黏性土与砂层互层、夹砂类透镜体等，下部为黏性土的多元结构 M 取 70~80；上部黏性土层厚>5m，下部砂层的二元结构或上部砂层厚<5m，下部黏性土的二元结构 M 取 80~90；岩石山体或单一黏性土层 M 取 90~100；

　　　D_{L1}、D_{L2}——河段左岸进、出口矶头或节点附近冲刷坑平均水深；

　　　D_{R1}、D_{R2}——河段右岸进、出口矶头或节点附近冲刷坑平均水深；

　　　L'——矶头或节点之间的纵向距离。

$$\Lambda = \frac{\sum_{k=1}^{n}\left(\dfrac{\overline{Q} \times t}{(Q_2 - Q_1) \times 365} \times T \times l\right)}{L_{\max}} \quad (4\text{-}5)$$

式中：k——整治河段特征流量级，单一河型 k 为 1、分汊河型 k 为 3，分别对应水流起摆、漫滩和止摆情况。

$\overline{Q}$——平滩流量，m^3/s；

t——水流起摆到止摆对应的持续天数；

T——水流起摆到止摆对应的周期；

Q_1、Q_2——起摆流量和止摆流量；

l——水流起摆到止摆期间主流的平均摆动幅度；

L_{max}——主流的最大摆动幅度。

4.1.2 联动治理思路

河势调整对世界范围内的河流均产生深远影响。采取何种措施减弱或恢复河势调整带来的不利影响、维持河势稳定，一直是困扰内河航道治理的难题。上游河势调整向下游传递这一现象的指导意义在于，河势控制及整治工程布置应充分考虑上游河势变化，否则上游河势调整，整治工程可能因大幅淤积而失效或者因冲刷剧烈而失稳，工程达不到预期效果。因此，充分考虑上、下游河势调整之间的关联性和规律性，减缓或者避免上游河势调整对整治河段的影响，在稳定河势工程中显得尤为重要。基于联动判别指标的，提出将上下游河段作为组合河段进行联动治理，丰富了以往对河道演变规律的认识，提出了联动治理思路。

根据式(4-1)联动指标的物理意义，联动与否的作用机理在于：

(1)弱联动性。在不同流量级下，河道约束力始终大于主流摆动力，即便上游河势发生明显调整，入流方向发生大幅度变化，但本河段的河道边界始终能够约束动力轴线的平面位置，从而削弱上游河势变化后主流摆动幅度，归顺上游不同河势条件下的主流平面位置，为下游河道提供了相对稳定的入流条件。弱联动性河段在平面、横断面、纵剖面、河岸及河床抗冲性方面的要素，正是河道约束力大于主流摆动力的必要条件。

(2)强联动性。不满足上述一个或多个条件的河道，随着入流方向或流量变化，河道约束力未能始终大于主流摆动力，主流平面位置将发生较大变化，河势随之调整，联动特性随之显现。

基于上文提出的联动指标，首先定量计算整治河段上、下游联动指标，用以判断是否需要上、下游联动治理。当研究河段联动指标≥1时，需要将上、下游河段作为一个工程区主体，从上至下进行联动整治。当研究河段联动指标<1时，采取单滩治理措施及工程区位于整治河段内部。

4.1.3 典型案例

现以长江中游藕石蹑河段和龙口河段作为典型，说明具体使用方法。

(1)长江中游藕石蹑河段(图4-1)。

对于长江中游的藕石蹑河段，利用2014年测图，藕石蹑河段中的石首弯道局部河段发生崩岸，使得4m线航槽弯曲半径不满足航道规划目标(4m航槽规划的弯曲半径为1000m)，通过分析，该现象主要因上游主流摆动引起。根据2014年实测资料，按式(4-1)计算，得到整治流量下的联动指标$\dfrac{R_0}{R_*}=1.15>1$，因此，藕石蹑河段需要采用联动治理的方法。

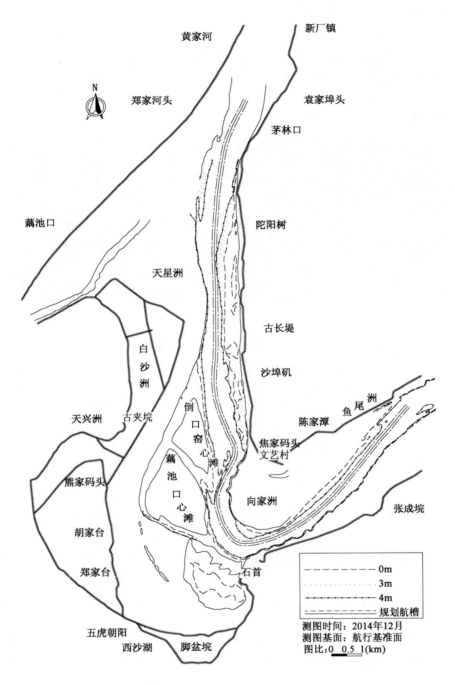

图 4-1 藕石蹑河段河势图

对于藕石蹑河段,由于联动指标≥1,需要将上、下游河段作为整体,从上至下进行联动整治。为维持石首弯道弯曲半径,不仅需要在石首弯道左岸崩岸处实施护岸工程,还应考虑上游河段主流摆动对其影响,需在上游倒口窑心滩和藕池口心滩左下侧实施相应守护工程,防止主流进一步摆动。

（2）长江中游龙口河段（图4-2）。

长江中游龙口河段，其上接陆溪口河段，下连嘉鱼河段。利用实测资料，经计算，龙口河段在各级流量下的联动指标均小于0.5，即龙口河段与上、下游河段之间不具有联动关系，其治理主要采用单滩治理的方法。从历史河床演变来看，自20世纪30年代以来，其上游陆溪口河段经历了5个演变周期，其下游嘉鱼河段仅有2个演变周期，也可以看出，龙口河段阻隔了陆溪口河段的河势调整，没有向下游的嘉鱼河段传递。

图4-2 龙口河段河势图

对于龙口河段，由于其联动指标<1，属于阻隔河段，采用单滩治理的方法。近年来，随着三峡水库蓄水运行，龙口河段凸岸边滩有所冲刷，河宽变大，该河段的阻隔特征有所减弱，为增强或维持其阻隔特征，防止上、下游河势之间的传递，有必要对龙口河段凸岸边滩及时实施守护工程。

4.2 滩槽调控工程类型选择及平面布置

分汊河段碍航特性与河道形态密切相关，多分汊河段，河道内洲滩林立，存在着主流摆动频繁、洲滩变形剧烈、主支交替等现象，造成沿程大量浅险水道冲淤多变，航道治理难度极大。分汊河段主流不稳定、航槽出浅均由关键部位洲滩的不稳定引起，因此，依托河道内现有的洲滩，通过对关键洲滩的塑造形成有利的航道边界条件，引导航道条件向有利的方向发展，是行之有效的措施。

4.2.1 分汊河段航道整治工程类型的划分

对于分汊河道的治理而言，传统上主要采用的建筑物形式有坝体、护岸、护滩等，并取得了较好的工程效果。下面对护岸、护滩、坝体及新型航道整治建筑物结构形式进行分析：

4.2.1.1 护岸结构

护岸的结构形式较为成熟，护岸主要有直立式护岸、混合式护岸以及斜坡式护岸三种形式，目前在航道整治工程中大量采用的为斜坡式护岸。斜坡式护岸主要分为水下护脚、枯水平台和陆上护坡三个部分。护坡结构有浆砌或干砌石护坡，预制混凝土块体护坡以及近年来兴起的钢丝网石笼等生态护坡结构；枯水平台主要起承上启下的作用，用于连接水下护底和陆上护坡，其稳定主要是通过镇脚的稳定来维系的，主要结构形式有干砌块石、铺石、浆砌以及钢丝网格等;水下护底主要包括护底和镇脚,护底形式主要有软体排护底、散抛石护底和抛枕护底,镇脚主要有抛枕镇脚、抛石镇脚和抛小型预制件镇脚。

4.2.1.2 护滩结构

从目前国内外的现状看,以往进行护滩主要是通过丁坝、顺坝、潜坝等坝体建筑物进行固滩。近年来,针对长江的实际情况,探索了采用纯粹的护滩带的形式进行护滩的方式,护滩带主要是采用软体排对边心滩进行守护,取得了较好的工程效果,但也出现了在较大流速下、冲刷较大的部位护滩带出现较大的冲刷变形甚至局部破坏的情况。目前,对护滩技术已经进行了较多较为有效的处理措施,如边缘预埋、采用四面六边透水框架进行防冲促淤等,均收到了一定的效果。

4.2.1.3 坝体结构

目前,国内外广泛采用丁坝、纵堤及依附纵堤的齿坝等措施对河流进行治理,丁坝是最常用的整治建筑物,丁坝坝根与河岸相连,坝头伸向河心,坝轴线与水流方向正交或斜交,在平面上与河岸形成丁字形,齿坝坝根依附于纵堤,属于丁坝的一种特殊形式。纵堤一端与河岸相连,一端延伸向深槽,以引导水流平顺过渡。

总体而言,上述工程类型,以整治工程对河势、流场干扰程度为原则,将航道整治工程分为守护型工程和调整型工程。守护型的工程有一定高度,但其高度是用厚度来表达,不是用高程来控制。调整型工程的工程高度是用高程来控制。

4.2.2 守护型控导工程航道水深目标的定量表达

守护型工程的平面布置主要是根据河段内关键洲滩的形态进行确定,其中护岸工程的长度通常根据需守护岸线的长度进行确定。护滩工程的主尺度,可通过资料分析确定河段纵堤位置为多年滩脊线,纵堤头部至优良时期某特征等深线位置,横向区域守护通过设立齿带进行守护控制。通常,守护洲头滩地可以通过与历史优良时期洲滩形态实测资料对比进行,确定其守护范围及工程尺度。

将建立了守护工程实施后所能达到的最大航深数学表达公式与目标航深进行对比,若大于目标航深,可考虑采用守护型工程;若小于目标航深,意味着守护型工程对航道条件的改善强度不足,必须选用强度更高的调整型工程。

4.2.2.1 航道水深表达式

推移质冲刷平衡实际是一种静平衡,即冲刷至极限平衡时床沙不再运动,即床沙不动,推移质输沙率为0。将冲刷极限平衡条件下的水深及河宽定义为平衡水深及平衡河宽。在恒定均匀流条件下可表示为:

$$U - U_c \leq 0 \tag{4-6}$$

式中:U——断面平均流速,m/s;

U_c——床沙止动流速,m/s。

曼宁公式:

$$U = \frac{1}{n} R^{2/3} J^{1/2} \tag{4-7}$$

式中：R——断面水力半径，m；
　　　J——能坡；
　　　n——糙率。
止冲流速：

$$U_c = K\sqrt{\frac{\gamma_s - \gamma}{\gamma}gD}\left(\frac{R}{D}\right)^{1/6} \tag{4-8}$$

式中：γ_s——泥沙相对密度；
　　　γ——水的相对密度；
　　　D——泥沙粒径；
　　　g——重力加速度。

令 $n = \frac{1}{A}D^{1/6}$，A 为常数。

在临界状态时，联解式(4-6)~式(4-8)，可得：

$$\frac{\gamma RJ}{(\gamma_s - \gamma)D} = \left(\frac{K}{A}\right)^2 g \tag{4-9}$$

令 $\left(\frac{K}{A}\right)^2 g(\gamma_s - \gamma)D = \tau_c$，$\tau_c$ 为床沙临界起动剪力。式(4-9)即为：

$$\tau = \tau_c \tag{4-10}$$

此即由剪力表示的床沙、临界止动条件，τ_c 为临界止动拖曳力。由此可见，无论是用流量还是用剪力床沙、止动条件都是一致的。

就床沙起动而言，Shields 起动拖曳力公式为：

$$\frac{\tau_c}{(\gamma_s - \gamma)D} = f\left(\frac{U_* D}{\gamma}\right) = 0.04 \sim 0.06 \tag{4-11}$$

式中：U_*——摩阻流速。

床沙起动时床面平整，取 $A = 20$、$K = 1.14$（沙莫夫公式系数），则

$$\left(\frac{K}{A}\right)^2 g = 0.0318 < 0.04 \sim 0.06 \tag{4-12}$$

表明 A 及 K 取值可能不确切。床沙止动时，床面并不平整，A 及 K 更需由试验确定。

由式(4-9)得冲刷平衡时水力半径为：

$$R = 16.17\left(\frac{K}{A}\right)^2 \frac{D}{J} \tag{4-13}$$

对于弯道段，认为河床底质均匀，冲刷平衡时形成 U 形断面，有 $R = \frac{B \times H}{B + 2H}$，守护工程实施前后河宽相等，即：$B \approx B_1$，得到守护型工程可达到的最大航深为：

$$H = 16.17\left(\frac{K}{A}\right)^2 \frac{D}{J}B_1 \Big/ \left[B - 32.34\left(\frac{K}{A}\right)^2 \frac{D}{J}B_1\right] \tag{4-14}$$

4.2.2.2 平衡冲刷试验

1) 试验设计

本试验在天津水运工程科学研究院大型水动力试验基地的多功能变坡水槽中进行,该水槽的规格为:长83m,宽1.0m,高0.8m,最大水深0.7m,变坡范围为0~1%,浑水的浓度为150kg/m³。主要的供水加沙测控系统包括水槽三维仿真综合控制程序、供水加沙处理程序和测量控制程序等,变坡水槽的表面精度为1mm,该系统全部采用计算机智能化控制,不需要任何人工调整。

2) 试验过程

试验段长20m,位于水槽中段,铺沙厚10cm,进、出口段设10%及60%坡度的过渡段与槽底相接。

铺沙粒径分别为0.5mm、0.7mm两种,各备沙样约3m³。

试验初期(开始后)、末期(止冲)测水位、流速、水深。水位在试验段每1.0m设一把水尺并向上、下游各延伸10m。流速测位设在进口下游1m处,过程中适当加测,并观测尾部沉沙速度及沉沙量。

3) 试验结果

共进行了8组次试验,试验中分别对流量、水深、水位、止动流速进行了测量,有关水力要素列于表4-1。

试验水力要素及结果　　　　　　表4-1

试验组次	粒径 D (mm)	流量 Q (m³/s)	止动流速 U_c (m/s)	平衡水深 H (cm)	坡降 J (‰)	K	A
Run1	0.5	0.015	0.216	18.53	0.140	0.897	15.827
Run2	0.5	0.021	0.236	24.59	0.150	0.934	13.835
Run3	0.5	0.028	0.280	28.42	0.155	1.082	14.662
Run4	0.5	0.031	0.252	35.90	0.155	0.937	11.293
Run5	0.7	0.015	0.281	17.73	0.200	1.050	18.766
Run6	0.7	0.021	0.244	17.13	0.200	0.917	16.673
Run7	0.7	0.028	0.289	28.22	0.200	1.000	14.158
Run8	0.7	0.031	0.223	34.31	0.135	0.747	11.673

根据连续方程,有:

$$Q = BHU = BHU_c = BHK\sqrt{\frac{\gamma_s - \gamma}{\gamma}gD}\left(\frac{R}{D}\right)^{1/6} = 4.02KHR^{1/6}D^{1/3}B \quad (4-15)$$

将各组试验数据代入式(4-15)计算系数 K,再将试验数据及 K 代入式(4-14)计算得到系数 A,计算结果列于表4-1。

将各组次 K 和 A 求平均值(图4-3),得到试验率定值: $K = 0.946$、$A = 14.611$。

代入式(4-12): $\left(\frac{K}{A}\right)^2 g = 0.0411$,满足不平整床面止动条件。

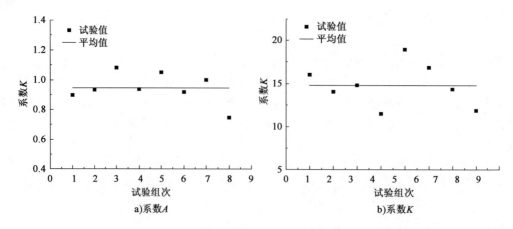

图4-3 平衡水深试验系数率定值

将 $K=0.946$、$A=14.611$ 代入式(4-14),得限制性的守护工程实施后可达到的航深目标表达式:

$$H = 0.0678\frac{D}{J}B_1 \bigg/ \left(B - 0.136\frac{D}{J}B_1\right) \tag{4-16}$$

4.2.3 调整型工程布置及工程主尺度确定方法研究

纵堤、齿坝和丁坝属于分汊河段常用的调整型工程,将通过流带法理论分析结合概化模型试验的研究手段,研究调整型工程的平面布置原则,分析纵堤、齿坝、丁坝等调整型工程的主尺度确定方法,探讨工程体量与航道条件改善的关系。

通过对已有整治线宽度研究方法的分析,从水力学、河流动力学及经验分析统计得到的计算公式不少,其结构形式可归结为:

$$B_2 = KB_1^x\left(\frac{H_1}{H_2}\right)^y \tag{4-17a}$$

或

$$B_2 = KB_1^x\left(\frac{H_1}{\eta t_2}\right)^y \tag{4-17b}$$

可以看出,$H_2>H_1$ 时,才能缩窄河宽,加大水流的流速冲深浅区,一般来说,这种表达式仅适用于正常过渡段浅滩,对于交错浅滩、弯道浅滩和分汊河段的分、汇流一侧有深潭的浅滩,因有倒套,深潭水域所取断面平均水深 H_1 往往还要大于 H_2,根据式(4-17),不但不需缩窄河宽,反而还需加大河宽,这显然不合理。此外,断面形态系数 η 的变化范围较大,不仅与断面形态有关,还与航槽位置有关,应用时不宜选定,也常影响到整治线宽度的正确确定,难于满足设计航深的要求。

根据流带法原理,结合概化模型试验,对整治线宽度及整治工程主尺度进行论证。本节首先介绍概化模型设计及试验结果,为控制工程主尺度的确定奠定基础。

4.2.3.1 弯曲分汊河段概化物理模型试验研究

结合长江中下游分汊河段特性,将分汊河段类型按平面形态分为顺直微弯型分汊河段、弯曲型分汊河段和鹅头型分汊河段。由于研究条件的限制,概化物理模型很难对所有类型分汊河段主尺度问题开展研究,依据研究问题的复杂性、必要性,拟在概化物理模型中主要开展弯曲型分汊河段洲滩控导工程主尺度及工程布置研究。弯曲分汊河段概化地形见图4-4。

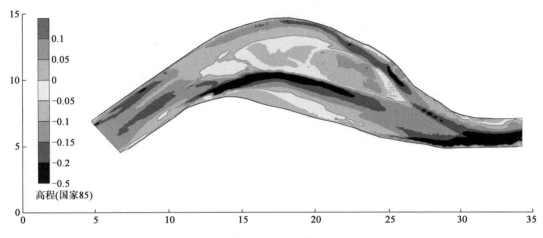

图4-4 弯曲型分汊河段沙体概化示意图

根据长江中下游河段治理实际情况,分汊河段治理工程一般可实现四种功能:守护洲头滩地、拦截横流、调整两汊分流、增加进口或汊内浅区流速。故本概化模型试验主要是研究纵堤拦截横流、调整两汊分流效果,以及齿带和丁坝增加浅区流速效果。

1)纵堤概化模型试验

(1)纵堤角度对流速场的影响。

纵堤的角度对分流比调整效果影响显著,通过分析纵堤不同角度变化对工程效果影响,得出纵堤角度的较优参数。在分析合理的纵堤角度的试验组次中,每组试验保证纵堤堤头及纵堤根部的高度相同(堤根与护滩堤齐平,堤头高度/堤根高度 = 0.85)、长度一定(纵堤长/堤头断面河宽 = 2.5),依次调整纵堤与分流面的夹角,通过分析工程前后流速的调整效果,研究其较合理的角度。

共设置3组试验,纵堤位于分流面时定义为0°,试验布置了0°、-5°、-10°三种工况。0°时纵堤两汊分流比相同,-10°和-5°时纵堤偏向南汊,有利于北汊分流比的增加。纵堤方案布置图见图4-5。纵堤不同角度引起的流速改变情况见图4-6~图4-9。

试验结果表明:纵堤角度的偏转,会明显地减小其转向一侧的流速。以南偏潜堤-5°偏角为例,纵堤南偏以后,对南侧低滩的守护强度大幅增强,如南侧堤头近底流速减幅为0.03~0.05m/s,比工程前减小70%~80%;纵堤偏离一侧汊内浅区流速增大,对冲刷浅区有利,如潜堤-5°南偏偏角下,北汊浅区流速增大0.01~0.03m/s,较工程前流速最大增大100%。

当入流角度较小时(-5°),北汊汊内及南汊汊道进口流速增加值都较大;当入流角度较大时刻(-10°),工程作用更为明显,北汊汊内及南汊汊道进口流速增加值较-5°要大。

通过上述研究认为,在存在浅窄低滩的弯曲分汊河段,如果以稳定两汊分流比为目标,纵堤可沿分流面布置;如果需要增加某一汊道分流比,纵堤可偏离该汊道一定方向布置,但偏转角不宜过大;如果需要强化滩体某侧低滩的守护,纵堤可以向该侧偏转一定角度,但偏转角度不宜过大。

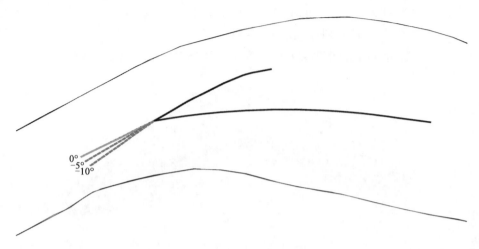

图 4-5 纵堤方案平面布置图

图 4-6 纵堤方案模型试验(0°)

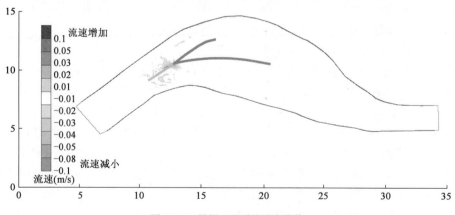

图 4-7 0°纵堤工程后流速变化值

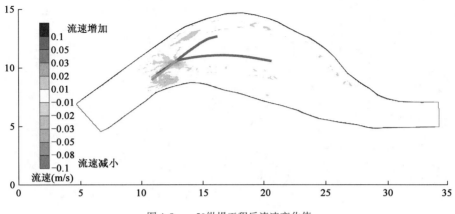

图 4-8　-5°纵堤工程后流速变化值

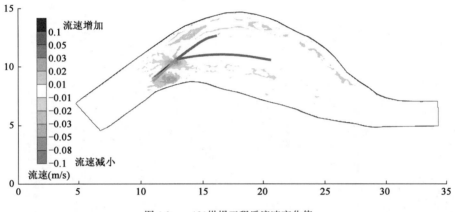

图 4-9　-10°纵堤工程后流速变化值

(2)纵堤长度对流速场的影响。

分析合理的纵堤长度的试验组次,每组试验保证纵堤堤头及纵堤根部的高度相同(堤根与护滩堤齐平,堤头高度/堤根高度=0.85),纵堤的角度也相同(与分流面呈0°),依次调整纵堤长度,通过分析工程前后流速的调整效果,研究其较合理的长度。纵堤长度通过堤头所在断面河宽进行无量纲化。

共设置五组试验,试验布置了五种长度的丁坝,其无量纲长度值分别为2.5、2.8、3.2、3.5、3.8五种工况。纵堤不同长度引起的流速改变情况见图4-10~图4-16。

从试验结果可见,纵堤越长,对两侧低滩的掩护作用越强,随着纵堤长度增大,对北汊心滩头部低滩的守护效果影响较大,对南汊心滩头部低滩影响略小。同时,随着纵堤长度增大,南汊进口浅区和北汊弯道浅区流速增加值也越大。

(3)纵堤高度对流速场的影响。

为了深入分析纵堤高度改变对水流的影响,试验中,在确定纵堤角度的前提下(分流面位置),每组试验保证纵堤长度一定(纵堤长/堤头断面河宽=2.5),分析纵堤高度对流速分布的影响。每组试验纵堤根部的高度与后方护滩堤齐平,纵堤堤头高度采用堤根高度进行无量纲化,堤头高度/堤根高度分别选择1、0.9、0.8和0.7。周边水域流速差值图见图4-17~图4-20。

图 4-10 纵堤方案定床模型试验(纵堤长/堤头断面河宽 =3.8)

图 4-11 纵堤方案定床模型试验(纵堤长/堤头断面河宽 =3.2)

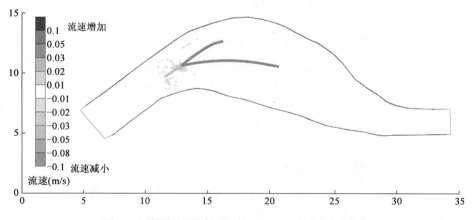

图 4-12 纵堤长/堤头断面河宽 =2.5 时工程后流速变化值

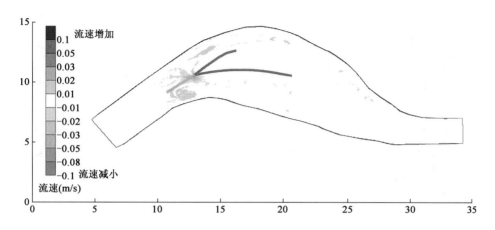

图 4-13　纵堤长/堤头断面河宽 = 2.8 时工程后流速变化值

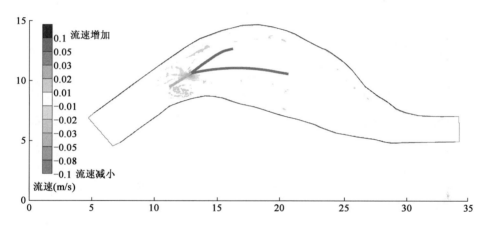

图 4-14　纵堤长/堤头断面河宽 = 3.2 时工程后流速变化值

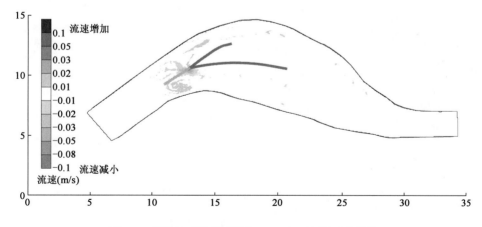

图 4-15　纵堤长/堤头断面河宽 = 3.5 时工程后流速变化值

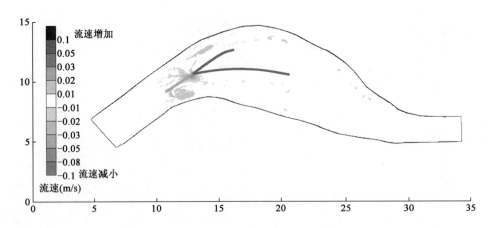

图 4-16　纵堤长/堤头断面河宽 =3.8 时工程后流速变化值

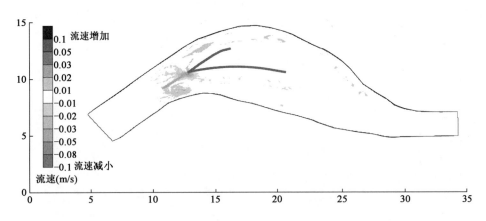

图 4-17　纵堤堤头高度/堤根高度 =0.7 时工程后流速变化值

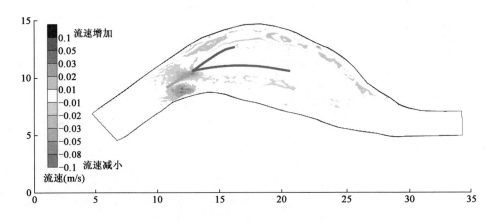

图 4-18　纵堤堤头高度/堤根高度 =0.8 工程后流速变化值

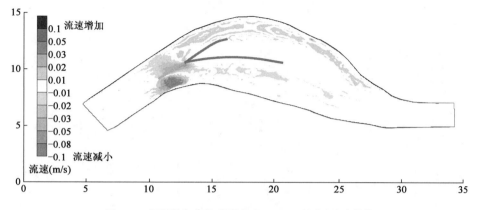

图 4-19　纵堤堤头高度/堤根高度 = 0.9 工程后流速变化值

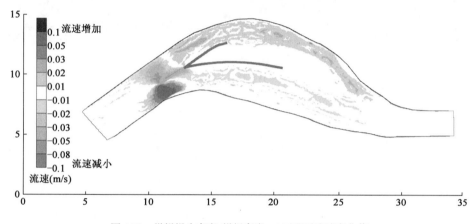

图 4-20　纵堤堤头高度/堤根高度 = 1 工程后流速变化值

由图可见,在纵堤保持分流面位置布置的前提下,工程区流速变化对纵堤高度敏感度较高,纵堤堤头高度/堤根高度 = 1 时,纵堤左侧流速大幅度减小(最大 0.1m/s,约为工程前流速的 500%),纵堤右侧流速大幅增加(最大 0.1m/s,约为工程前流速的 500%),流速的变化大小及影响范围都较大。随着纵堤高度的逐渐减小,各区域流速变化量值变小,影响范围也减小。纵堤堤头高度/堤根高度 = 0.8 时,工程左、右侧流速变化值在 0.02m/s(约为工程前流速的 100%)以内。根据试验研究,初步认为纵堤的高度布置要能够起到一定的调整分流比和流速的效果、起到拦截横流的效果、起到辅助性的守护低滩的效果、达到一定的守护护滩堤头部的工程效果,且不致引起其他区域流速改变过大,因此,纵堤的布置高度不宜过高。

(4)纵堤动床概化模型试验。

开展纵堤单因素动床概化模型试验,在护滩堤堤头设置一条纵堤,纵堤与分流面呈 0°,堤根与护滩堤齐平,堤头高度/堤根高度 = 0.85,纵堤长/堤头断面河宽 = 3.2,采集纵堤条件下经历一个水文年冲刷后,浅区断面的流速平均值和水深平均值,为率定由定床确定的纵堤主尺度计算公式提供数据支撑(图 4-21)。

2)丁坝概化模型试验

丁坝是一种应用广泛的调整型工程,在航道整治中发挥着重要的作用。当浅区位于分汊河段进口处,一般在纵堤上修建齿坝束窄汊道进口断面,增大浅区流速,齿坝的功能与丁坝相同。给出丁坝概化模型试验结果,齿坝对流速场的影响可参看丁坝。

图 4-21　纵堤动床方案模型试验

当丁坝置于水流中,水流的流场及压力场均发生变化,图 4-22 是丁坝绕流示意图。利用河道平面水流的运动方程来定性描述丁坝绕流的力学机理:

$$i_x = \frac{1}{g}\left(U_x\frac{\partial U_x}{\partial x} + U_y\frac{\partial U_x}{\partial y} + \frac{gU_x^2}{C^2H}\right) \tag{4-18}$$

$$i_y = \frac{1}{g}\left(U_x\frac{\partial U_y}{\partial x} + U_y\frac{\partial U_y}{\partial y} + \frac{gU_y^2}{C^2H}\right) \tag{4-19}$$

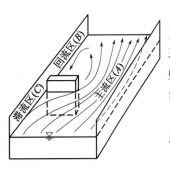

图 4-22　丁坝绕流示意图

在丁坝上游,由于丁坝的阻挡作用,水流偏离丁坝一侧,挤压主流,产生横向流速 U_y,继而有横比降存在,产生环流,这种横轴环流同平面上由于流线弯曲在丁坝上游产生的纵轴环流就形成螺旋流,这种螺旋流通过坝头后就形成了在试验中观察到猝发性涡旋。由于横流环流的存在使丁坝上游丁坝一侧水面抬高,产生比较明显的壅水现象,在流量比较大的时候可以观察到有水流从底部翻起的现象。

本次试验进行了单丁坝(正交水流)试验,变换丁坝长度和高度,来分析各种因素对丁坝流场的影响。同时,还进行了双坝和多坝试验,借以了解丁坝间相互影响的情况。

(1)单丁坝长度对流速场的影响。

在河槽中修筑丁坝,会引起流速场的调整变化,丁坝断面的流速调整规律是航道整治工程所关心的。

在进行丁坝长度单因素试验时(图 4-23),设定丁坝高度一致(丁坝高度/护滩堤高度 = 0.9),选取丁坝压缩比(丁坝长/丁坝所在断面河宽)分别为 0.3、0.25、0.4、0.45、0.5、0.55、0.6、0.65 共 8 种工况。工程后流速变化见图 4-24~图 4-28。

图 4-23　单丁坝方案定床模型试验(压缩比为 0.45)

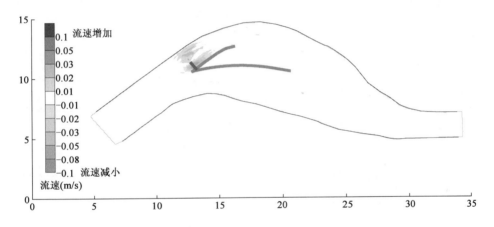

图 4-24　丁坝压缩比 = 0.3 时丁坝工程后流速变化值

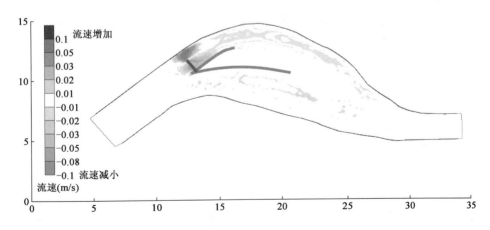

图 4-25　丁坝压缩比 = 0.4 时工程后流速变化值

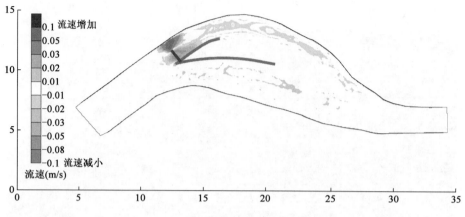

图4-26　丁坝压缩比=0.5时工程后流速变化值

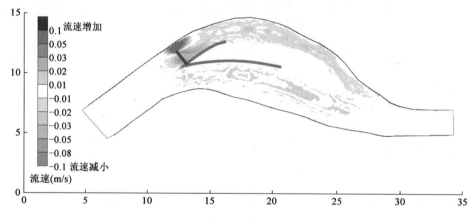

图4-27　丁坝压缩比=0.6时工程后流速变化值

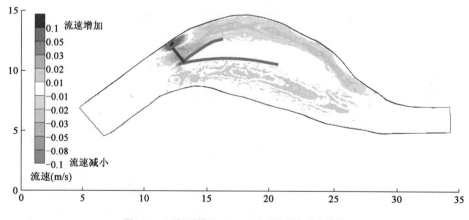

图4-28　丁坝压缩比=0.65时工程后流速变化值

试验结果表明,随着丁坝长度的增加,丁坝对心滩左侧的掩护作用越大。丁坝对汊道内流场的调整存在两方面作用,一方面,由于丁坝缩窄断面,流速变幅随丁坝增长而增大,丁坝长度增大至1.3m时,丁坝所在浅区断面流速增加1.0m/s(约为工程前流速的10倍),流速增加值过大。另一方面,丁坝实施后,丁坝所在汊内对水流的阻力增大,局部水头损失加大,导致分流比降低。因此,在工程建设中,丁坝长度应合理选取,不宜过长。

不同长度丁坝工程前后分流比变化值见表4-2。

不同长度丁坝工程前后分流比变化值(%)　　　　　表4-2

丁坝压缩比	0.3	0.35	0.4	0.45	0.5	0.55	0.6	0.65
北汊	-6.5	-6.8	-7.2	-7.8	-8.4	-9.4	-10.6	-12
南汊	6.5	6.8	7.2	7.8	8.4	9.4	10.6	12

(2)单丁坝高度对流速场的影响。

为了分析丁坝高度改变对水流的影响,在试验中,在确定丁坝长度的前提下(压缩比 = 0.45),分析丁坝高度对流速分布的影响。丁坝高度/护滩堤高度分别取0.7、0.8、0.9、1和1.1五种工况。周边水域流速差值图见图4-29～图4-33。

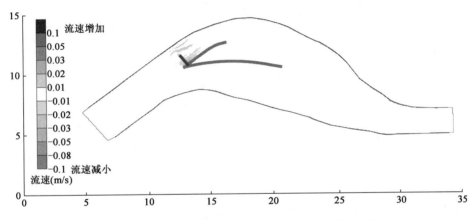

图4-29　丁坝高度/护滩堤高度 = 0.7时工程后断面流速变化

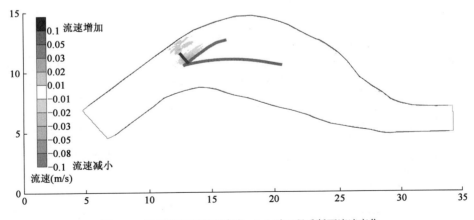

图4-30　丁坝高度/护滩堤高度 = 0.8时工程后断面流速变化

由图可见,与丁坝长度变化引起的流速改变规律相似,随着丁坝高度的增加,丁坝对心滩左汊的掩护作用越大。而丁坝所在浅区断面流速随丁坝高度增高,呈现逐渐增大的趋势,丁坝高度/护滩堤高度从0.7增大到1cm的过程中,流速增大值由0.01m/s(约为工程前流速的

100%)增加至 0.05m/s(约为工程前流速的 500%)。另外,丁坝高度变化引起的所在汊道分流比略有减小,但敏感程度上比丁坝长度变化要低。

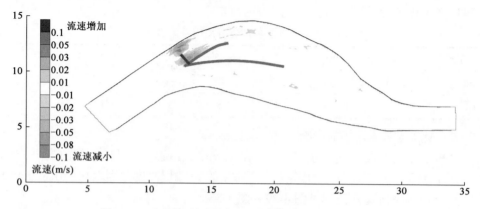

图 4-31　丁坝高度/护滩堤高度 = 0.9 时工程后断面流速变化

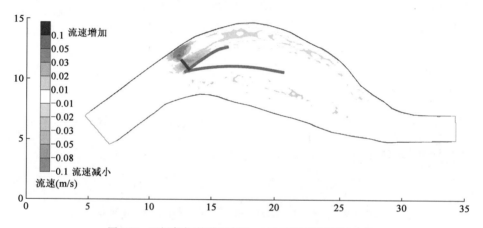

图 4-32　丁坝高度/护滩堤高度 = 1 时工程后断面流速变化

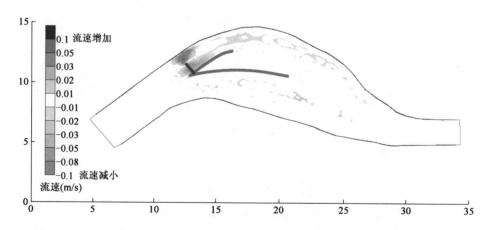

图 4-33　丁坝高度/护滩堤高度 = 1.1 时工程后断面流速变化

不同高度丁坝工程前后分流比见表 4-3。

不同高度丁坝工程前后分流比变化值(%)　　　表4-3

丁坝高度/护滩堤高度	0.7	0.8	0.9	1	1.1
北汊	-6.3	-6.4	-6.6	-6.9	-7.2
南汊	6.3	6.4	6.6	6.9	7.2

(3) 多丁坝对流速场的影响(图4-34、图4-35)。

丁坝作用于水流,形成丁坝上游的小回流区和丁坝下游的大回流域,从而使丁坝上、下游一定范围内的流速场发生显著变化。双丁坝作用下的流场比单坝时复杂,图4-36～图4-38分别是枯季大潮流量级下单丁坝、双丁坝及多丁坝的流场图。从图可见,下坝轴断面的垂线平均流速分布比较均匀,坝头处的流速略小于主流区的流速,但流速增量最大。多丁坝综合作用下的流场更为复杂。

图4-34　双丁坝定床方案模型试验

图4-35　多丁坝定床方案模型试验

(4) 纵堤动床概化模型试验。

本节开展了单丁坝单因素动床概化模型试验,在浅区断面布置一条丁坝,丁坝高度/护滩堤高度=0.9,丁坝长/丁坝所在断面河宽=0.3,采集单丁坝条件下经历一个水文年冲刷后,浅区断面的流速平均值和水深平均值,为率定由定床确定的丁坝主尺度计算公式提供数据支撑(图4-39)。

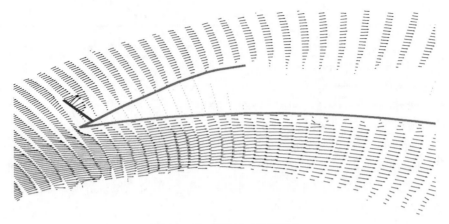

图 4-36　单丁坝作用下的流场图

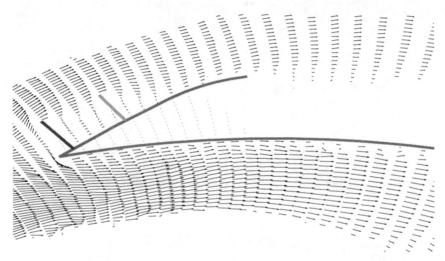

图 4-37　双丁坝作用下的流场图

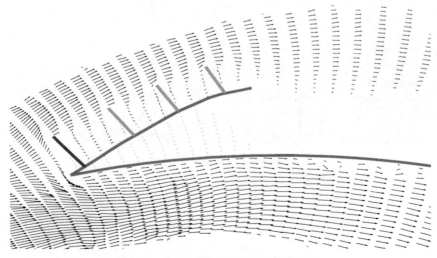

图 4-38　多丁坝作用下的流场图（枯季大潮）

图 4-39 单丁坝动床方案模型试验

4.2.3.2 采用流带法确定整治建筑物主尺度

将某一过水断面划分为若干流带,各流带通过的单元流量相同,各流带的平均流速可按下式确定:

$$V_i = \frac{q_i}{b_i H_i} \quad (4\text{-}20)$$

式中:V_i——第 i 个流带的平均流速,m/s;

q_i——通过某流带的单元流量,m³/s;

b_i、H_i——某流带的宽度与平均水深,m。

$$q_i = \frac{Q}{m} \quad (4\text{-}21)$$

式中:Q——通过计算断面的总流量,m³/s;

m——流带数。

对比较顺直且过水断面沿程变化不大的河段,采用均匀流公式描述其水流运动,从而得到:

$$V_i = \frac{1}{n} H_i^{2/3} J_i^{1/2} \quad (4\text{-}22)$$

$$q_i = b_i H_i V_i = \frac{J_i^{1/2}}{n_i} b_i H_i^{5/3} \quad (4\text{-}23)$$

$$Q = \sum_{i=1}^{m} q_i = \sum_{i=1}^{m} \frac{J_i^{1/2}}{n_i} b_i H_i^{5/3} \quad (4\text{-}24)$$

式中:b_i、H_i、V_i、n_i、J_i、q_i——所考虑流带的宽度、平均水深、平均流速、糙率、比降及相应的单元流量。

由于水流平面图实际上反映的是流量沿河宽的相对分配,所以在计算时,若各流带的比降 J_i 及糙率 n_i 各自相差不大,则式(4-24)中的 $\frac{J_i^{1/2}}{n_i}$ 可视为常数,令:

$$K = \frac{J_i^{1/2}}{n_i} = \frac{J^{1/2}}{n} = \frac{Q}{\sum_{i=1}^{m} b_i H_i^{5/3}} \quad (4\text{-}25)$$

此时,仅需要计算 $b_i H_i^{5/3}$ 及 $\sum b_i H_i^{5/3}$ 即可。因为 $b_i H_i^{5/3}$ 在一定条件下与流量成正比,故称为条件流量。式(4-25)可改写为:

$$V_i = KH_i^{2/3} \tag{4-26}$$

根据已知断面流量 Q 和实测地形,采用流带法计算断面中每个流带的流速 V_{1i} 及常数 K_1;考虑不同工程形式引起的各流带流速变化 ΔV_i,判别浅滩流速变化;得到工程后各流带流速值 $V_{2i} = V_{1i} + \Delta V_i$;计算整治工程实施前后系数 K_2,将各流带流速 V_{2i} 和 K_2 代入式(4-26),反算即可求出工程后各流带内水深 H_{2i};如航槽内的最小水深大于或小于设计航深的要求,需调整整治线的宽度 B_2(通过调整纵堤、齿坝、丁坝的主尺度),再进行计算,直至航槽内的最小水深达到设计航深时为止,控制工程的主尺度和整治线的宽度即可确定。利用流带法来确定控制工程主尺度和整治线宽度,不仅适用于各种浅滩整治前后航深的预测,同时还可以避免断面形态系数 η 值选择不当的影响。

采用流带法确定整治建筑物主尺度的实现步骤如下:

(1)采用流带法计算工程前整治水位时浅滩断面常数 K 和各流带流速 V_{1i}。

①根据河道地形图和大致的流向选定浅区处整治水位对应的计算断面,计算断面应与流向正交。

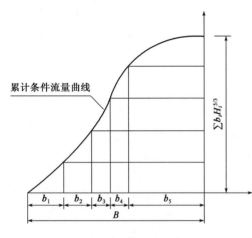

图 4-40 等分累积流量曲线图

②根据地形变化折点,将各断面沿河宽划分成若干试算流带 m,其数目应略多于最后要求得到的流带数 n;计算中设各流带的 $J^{1/2}/n$ 相等,以 $b_i H_i^{5/3}$ 试算各流带的条件流量,以 $\sum_{i=1}^{m} b_i H_i^{5/3}$ 累加得 m 条流带的累积条件流量 Q_1。

③以河宽为横坐标,累积条件流量为纵坐标,绘累积条件流量分布曲线。累积条件流量在一岸为零,在另一岸为其总和,见图4-40。

④按需要的流带数 n 等分累积条件总流量,从各分点作水平线与累积条件流量曲线相交,再将各交点投影到断面的水面线上,得各流带的宽度与分界点。

⑤校核各流带的条件流量是否相等,若不等,将流带宽度略做调整,重复计算,直至各流带条件流量的误差小于 $\pm 5\%$ 为止。在调整各流带宽度时,各流带应有的宽度 b_i' 可根据流带的平均条件流量 $(bH^{5/3})_{pj}$ 按下式近似估算:

$$b_i' = \frac{(bH^{5/3})_{pj}}{H_i'^{5/3}} \tag{4-27}$$

式中:H_i'——调整后流带的平均水深,m。

$$(bH^{5/3})_{pj} = \frac{\sum_{i=1}^{m} b_i H_i^{5/3}}{n} \tag{4-28}$$

⑥由式(4-21)计算各流带单元流量 $q_i = \frac{Q_1}{n}$,按 $V_i = \frac{q_i}{b_i' H_i'}$,求出各流带的平均流速 V_{1i},即为工程前整治水位下浅区断面各流带平均流速。

⑦同一断面各流带可认为系数 K_1 相差不大,按式(4-25)求出计算断面系数 K_1。

工程前流带法计算过程如图 4-41 所示。

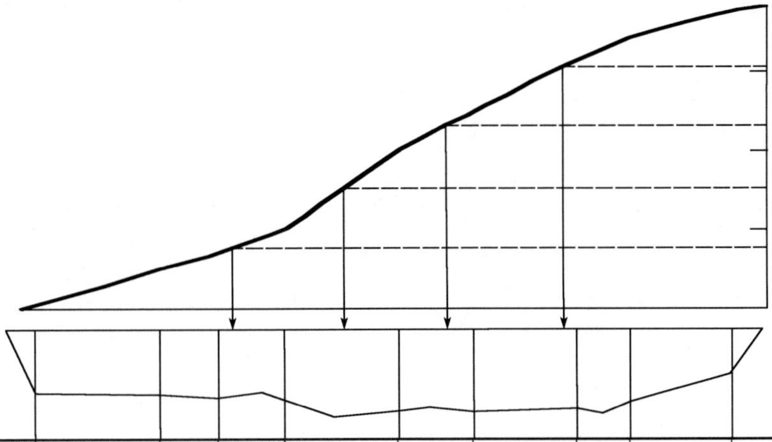

序号	格子号数	1	2	3	4	5	6	7	8	9	10
1	起点距(m)	5	30	40	52	75	90	110	120	140	145.5
2	格子宽 b_i(m)	5	25	10	12	23	15	20	10	20	5.5
3	格子深 H_i(m)	0.72	1.53	1.6	1.7	2.4	2.05	2	1.85	1.4	0.59
4	$H_i^{5/3}$	0.58	2.03	2.19	2.42	4.31	3.31	3.17	2.79	1.75	0.42
5	$b_i H_i^{5/3}$	2.9	50.75	21.9	29	99.1	49.65	63.4	27.9	35	2.31
6	$\sum b_i H_i^{5/3}$	2.9	53.65	75.55	104.55	203.65	253.3	316.7	344.6	379.6	381.9
7	流带宽 b_i		41		22		20		24		38.5
8	流带深 H_i		1.5		2		2.2		2		1.55
9	$H_i^{5/3}$		1.97		3.17		3.72		3.17		2.16
10	$b_i H_i^{5/3}$		80.8		69.74		74.4		76.1		83.2
11	调整后流带宽 b_i'		38.5		24		20		24		39
12	调整后流带深 H_i'		1.5		2		2.2		2		1.5
13	$H_i'^{5/3}$		1.97		3.17		3.72		3.17		1.97
14	$b_i' H_i'^{5/3}$		75.8		76.1		74.4		76.1		76.8
15	$\sum b_i' H_i'^{5/3}$		75.8		151.9		226.3		302.4		379.2
16	流带面积 $b_i' H_i'$		57.8		48		44		48		58.5
17	流带平均流速 V_i(m/s)		1.03		1.24		1.35		1.24		1.02
18	系数 K	0.7832									

图 4-41 工程前流带法计算过程

(2) 采用流带法结合概化模型试验,探讨不同洲头工程形式引起的断面流速调整规律。

分汊河段洲头纵堤调整分流比、齿坝及丁坝束窄河道引起的浅区流速增量变化规律是本次研究所关心的。以往刘建民等人通常假定按某种规律将丁坝阻挡的流量分配到河宽方向,将对这一问题进行进一步探讨。将纵堤调整两汊分流比变化引起的浅区流速增值记为 ΔV_1,齿坝/丁坝的建设,由于使过流面积减小引起流速增大 ΔV_{21},然而齿坝/丁坝一侧阻力增大带来分流比减小,从而引起的流速变化值 ΔV_{22} 为负值,齿坝/丁坝实施后流速变化值 $\Delta V_2 = \Delta V_{21} + \Delta V_{22}$,理论上可能为正值或负值,与齿坝/丁坝高度和压缩比相关。采用流带法结合概化模型试验的手段,研究 ΔV_1 和 ΔV_2 的变化规律,ΔV_1 与纵堤长度 D、纵堤高度 H、纵堤走向 α(与分流面交角)、河宽 B 有关,ΔV_{21}、ΔV_{22} 与齿坝/丁坝长度 D、高度 H、河宽 B 有关,采用流带法结合概化模型试验的手段,计算浅区断面垂线平均流速变化沿河宽方向的变化,用数学关系式可表达为:

$$\Delta V_1 = f(D, H, \alpha) \quad (4\text{-}29)$$
$$\Delta V_2 = f(D, B, H) \quad (4\text{-}30)$$
$$\Delta V = \Delta V_1 + \Delta V_2 \quad (4\text{-}31)$$

齿坝对流速场的影响规律与丁坝相似,以丁坝为代表,开展单丁坝概化模型定床试验,研究丁坝引起的流速变化值 ΔV_2,研究结果适用于齿坝。

下面分别介绍纵堤因调整分流引起的流速变化值 ΔV_1、齿坝/丁坝因过流面积减小引起流速增大 ΔV_{21} 及齿坝/丁坝所在汊道因局部阻力增大引起的流速减小值 ΔV_{22} 的计算方法。

①流带法结合概化模型试验计算纵堤引起的流速变化值 ΔV_1。

考虑到纵堤长度和走向的小幅调整,会引起整治线宽度及工程所在断面流速值的较大变化,通过概化模型水槽试验数据直接回归 ΔV_1 具体的数学表达式难度较大。拟采用流带法结合概化模型水槽试验两种手段计算 ΔV_1,为增加通航主汊道一侧分流比,纵堤一般设置在偏离通航主汊道的一侧,纵堤实施后,通航主汊分流增多,浅区流速增大,$\Delta V_1 > 0$,下文以通航主汊道一侧为例说明 ΔV_1 的计算方法。采用流带法计算通航主汊道一侧 ΔV_1 时,宜将纵堤带来的流量增加值,叠加到浅区断面上,进而求出浅区断面及航槽内的流量与流速。而流量增值以何种形式分配到浅区断面需要分析概化模型试验数据进行确定。具体步骤及各步骤实现过程如下:

A. 以纵堤尾所在断面为研究对象,根据地形变化,将该断面划分成若干流带,绘制累积条件流量曲线,计算断面累积条件流量 Q_{21}。

B. 根据数学模型计算结果,堤尾与浅区断面纳潮量基本一致。计算纵堤实施后引起的累积条件流量变化值 $\Delta Q_1 = Q_{21} - Q_1$,对通航主汊道一侧,有 $\Delta Q_1 > 0$。

C. 将累积条件流量增值 ΔQ_1 按与原始地形相近的规律叠加到浅区断面上。为了确定叠加方式,进行定床概化模型试验,分析纵堤引起的断面流速调整规律。

如图 4-42 所示,定床概化模型试验结果表明,纵堤实施后,纵堤堤身所在特征断面流速增值变化曲线与地形相似,由于定床地形不变,可认为断面流量增值变化曲线与原始地形相似。假定公式(4-25)中 K 值在工程前后不变,根据公式(4-24),可认为断面条件流量变化规律与流量变化规律一致。因此,将累积条件流量增值 ΔQ_1 按与原始水深成正比的线性关系进行分布并取整,再叠加至浅区断面工程前各流带上,计算工程后各流带条件流量值。

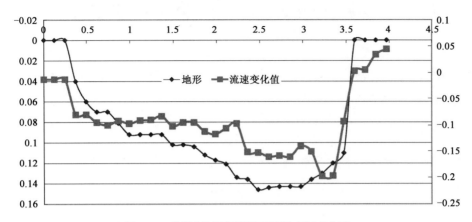

图 4-42 纵堤实施后特征断面地形和流速变化图

D. 根据前述流带法计算方法,计算工程后浅区断面各流带流速值 ΔV_{1i}。

②丁坝引起的流速变化值 ΔV_2、ΔV_{21} 及 ΔV_{22} 的计算方法。

A. 通过概化模型试验确定丁坝引起的流速变化值 ΔV_2。

丁坝作用于水流,形成丁坝上游的小回流区和丁坝下游的大回流域,从而使丁坝上、下游一定范围内的流速场发生显著变化,在河槽中修筑丁坝,引起了流速场的调整变化,丁坝断面的流速调整规律是航道整治工程中所关心的。在丁坝对侧不受边壁影响处的流速值是明显增加的,流速变化是丁坝实施后剩余河宽和水深的函数,其数学关系可表达为:

$$\frac{V_2}{V_1} = f\left(\frac{B_1 - B_2}{B_1}, \frac{H}{D}\right) \tag{4-32}$$

式中:V_2——建丁坝后丁坝对侧不受边壁影响处的流速;

V_1——建丁坝前断面的平均流速;

B_1——丁坝实施前的河宽;

B_2——丁坝实施后的河宽。

利用试验资料可建立下列关系式:

$$\frac{V_2}{V_1} = 1.806 \left(\frac{B_1 - B_2}{B_1}\right)^{0.297} e^{0.291\left(\frac{H}{D}\right)} \tag{4-33}$$

丁坝断面流速的二次增值(即实际某点的流速值 V_{2y} 与不受边壁影响处的流速值 V_1)呈现某种曲线分布,根据资料便可建立丁坝断面垂线平均流速沿宽度方向的计算式:

$$\frac{V_{2y}}{V_1} = 1.806 \left(\frac{B_1 - B_2}{B_1}\right)^{0.297} e^{0.291\left(\frac{H}{B_1 - B_2}\right)} \times 0.0758 e^{0.831 + 5.5\left(\frac{B_1 - B_2}{B_1}\right)\left(\frac{B_1 - y}{B_1}\right)} - 0.1 \tag{4-34}$$

式中:V_{2y}——距丁坝一侧岸边处距离为 y 处的流速。

根据 V_{2y},计算各流带内工程后平均流速变化值 ΔV_{2i}。

B. 通过流带法结合概化模型试验,计算丁坝所在汊道因局部阻力增大引起的流速减小值 ΔV_{22}。

丁坝修建后,局部阻力增大,引起丁坝所在断面过流能力下降、流速减小。不同于纵堤直接对各汊分流比的调整,丁坝对汊道分流比的调整的原因在于所在汊道因局部阻力增大而引起的过流能力减小,记丁坝所在汊道流量减小值为 ΔQ_{22},将 ΔQ_{22} 按某种分布规律叠加到各流

带上,各流带流量变化值记为 ΔQ_{22i},假定各流带水深、流带宽度不变,则有:

$$\Delta V_{22i} = \frac{\Delta Q_{22i}}{b_i H_i} \tag{4-35}$$

式中:ΔQ_{22i}、ΔV_{22i}——浅区断面各流带由于丁坝引起局部阻力增大而导致的流量和流速的减小值;

b_i、H_i——各流带工程前流带宽度和水深。

a. 确定 ΔQ_{22}。

根据明渠流水力计算公式,流量计算公式为:

$$Q = AC\sqrt{RJ} \tag{4-36}$$

式中:Q——流量;

A——过水面积;

C——谢才系数;

R——水力半径,可用水深 H 代替;

J——能坡。

根据曼宁公式:

$$C = \frac{1}{n} R^{1/6} \tag{4-37}$$

式中:n——糙率。

用水深 H 代替 R,将式(4-37)代入式(4-36):

$$Q = A \frac{J^{1/2}}{n} H^{2/3} \tag{4-38}$$

令

$$A \frac{1}{n} H^{2/3} = T \tag{4-39}$$

式(4-39)可写为:

$$Q = T\sqrt{J} \tag{4-40}$$

式中:T——流量模数,m³/s,它综合反映了明渠断面形状、尺寸和粗糙程度对过水能力的影响,对整治水位下浅区断面 $A = \sum b_i H_i$。

水头损失 h_w 包括沿程水头损失 h_f 和局部水头损失 h_j,即:

$$h_w = h_f + h_j \tag{4-41}$$

对于均匀流,只有沿程水头损失,无局部水头损失,有:

$$J = \frac{h_f}{l} \tag{4-42}$$

丁坝所在断面水流急剧收缩,为典型的非均匀流,此时,局部水头损失不可忽略。为了便于研究,我们把水头损失区分为沿程水头损失和局部水头损失,对于水体本身而言,仅仅在于造成水头损失的外在原因有所不同而已,丝毫不意味着这两种水头损失在水体内部的物理作用本质方面有任何的不同。鉴于此,参考传统水力学理论对均匀流能坡的表达方式,将丁坝局部阻力增大引起的能坡表示为:

$$J_j = \frac{h_j}{l} \tag{4-43}$$

参考式(4-40),丁坝实施后引起的流量减小值 ΔQ_{22} 可写为:

$$\Delta Q_{22} = T\sqrt{J_j} \tag{4-44}$$

在式(4-43)中:h_j 为丁坝引起的局部水头损失,取 l 为丁坝所在汊道的长度,J_j 为丁坝局部阻力增大引起的虚拟能坡。

$$h_j = \zeta \frac{V_1^2}{2g} \tag{4-45}$$

式中:ζ——丁坝局部阻力系数;

V_1——丁坝实施前断面平均流速。

将式(4-39)、式(4-43)、式(4-42)代入式(4-44),有:

$$\Delta Q_{22} = \frac{1}{n}\sum b_i H_i \times H^{2/3} \times \sqrt{\frac{\xi \frac{V_1^2}{2g}}{l}} \tag{4-46}$$

式中:n——糙率;

b_i、H_i——各流带工程前流带宽度和水深;

H——工程前断面水深平均值;

ξ——丁坝局部阻力系数;

V_1——丁坝实施前断面平均流速;

g——重力加速度;

l——丁坝所在汊道的长度。

丁坝局部阻力系数 ξ 根据概化模型试验进行确定。

如图 4-43 所示,选取坝前断面 A,距离丁坝 5~10 倍水深处,以保证该断面为渐变流,断面 B 在坝下足够远处,使得断面 B 在建坝前后保持水位不变。

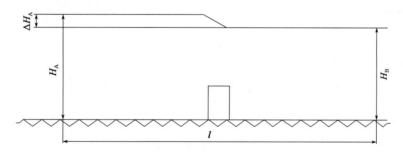

图 4-43 丁坝水力计算简图

设断面 A 在无坝时水深为 H_{A1},平均流速 V_{A1};筑坝后水位壅高 ΔH_A,坝前水深 $H_{A2} = H_{A1} + \Delta H_A$,平均流速 V_{A2},局部阻力损失 h_j,沿程损失 h_{f1}。设断面 B 水深为 H_B,平均流速 V_B,河道底坡比降 i,近似用河道底坡比降 i 代替能坡 J,依照能量方程有:

建坝前

$$H_{A1} + i \times l + \frac{V_{A1}^2}{2g} = H_B + \frac{V_B^2}{2g} + h_{f1} \tag{4-47}$$

建坝后

$$H_{A1} + \Delta H_A + i \times l + \frac{V_{A2}^2}{2g} = H_B + \frac{V_B^2}{2g} + h_{f2} + h_j \qquad (4\text{-}48)$$

联解式(4-47)及式(4-48)得：

$$\Delta H_A + \frac{V_{A2}^2}{2g} - \frac{V_{A1}^2}{2g} = h_{f2} - h_{f1} + h_j$$

河道内实施整治工程后，沿程损失相对于局部损失较小，可忽略，故：

$$h_{f2} - h_{f1} \approx 0$$

因此：

$$h_j = \Delta h + \frac{V_{A2}^2}{2g} - \frac{V_{A1}^2}{2g} \qquad (4\text{-}49)$$

令 $h_j = \zeta \dfrac{V_{A1}^2}{2g}$，则

$$\zeta = \frac{2g\Delta H_A + V_{A2}^2 - V_{A1}^2}{V_{A1}^2}$$

式中：ζ——局部阻力系数；

ΔH_A——坝上游水位壅高值。

由明渠断面突扩或突缩可知，局部阻力系数 ζ 是 $\dfrac{A'}{A}$ 的函数。A 是丁坝断面全河总面积；A' 为丁坝阻挡的过水面积，即：

$$\zeta = f\left(\frac{A'}{A}\right) \qquad (4\text{-}50)$$

根据概化模型试验资料，点绘 $\zeta - \dfrac{A'}{A}$ 关系，可获得建坝后局部阻力系数。

根据式(4-50)，点绘 $\zeta - \dfrac{A'}{A}$ 关系。可见局部阻力系数 ζ 与阻挡面积 $\dfrac{A'}{A}$ 关系密切，并可拟合为：

淹没条件下

$$\zeta = 2.8\left(\frac{A'}{A}\right)^{1.34} \qquad (4\text{-}51\text{a})$$

非淹没条件下

$$\zeta = 2.8\left(\frac{A'}{A}\right)^{1.24} \qquad (4\text{-}51\text{b})$$

b. 确定 ΔQ_{22i}。

确定 ΔQ_{22i}，就是确定按何种规律将 ΔQ_{22} 分配到河宽方向各流带上。由概化模型试验可知，靠近丁坝坝头流速增加的比例大，远离坝头流速增加的比例小。因此，可假定按三角形分布规律将 ΔQ_{22} 分配到束窄后的断面上，坝头处减小的流量最大，坝头对岸流量减小值取 0，之间以线性变换，从而求出由于丁坝局部阻力增加带来的各流带流量减小值 ΔQ_{22i}。

c. 假定各流带水深、流带宽度不变，可根据式(4-35)，计算由于丁坝局部阻力增加导致的

各流带流速减小值 ΔV_{22i}。

C. 计算丁坝实施后浅区断面因过流面积减小引起的流速增加值 ΔV_{21}。

ΔV_{21} 可采用两种方法进行确定，第一种方法假定流量不变，采用流带法计算 ΔV_{21i}，第二种方法根据式（4-52）计算 ΔV_{21i}。

$$\Delta V_{21i} = \Delta V_{2i} - |\Delta V_{22i}| \tag{4-52}$$

比较 ΔV_{21i} 和 ΔV_{22i} 绝对值的大小，调整丁坝压缩比 D/B，使航槽内流速变化 ΔV_{2i} 值为正值，达到最大值为最佳。

（3）计算工程后各流带总的流速变化值：

$$\Delta V_i = \Delta V_{1i} + \Delta V_{2i} \tag{4-53}$$

工程后各流带流速为：

$$V_{2i} = V_{1i} + \Delta V_i \tag{4-54}$$

式中，下脚标 1、2 分别表示工程前、后，i 表示第 i 个流带。

（4）计算工程后 K_2 值。

根据式（4-25），K_2 与工程后能坡和糙率有关，认为同一断面各流带能坡和糙率相等，则 K_2 可表示为：

$$K_2 = \frac{J_2^{1/2}}{n_2} \tag{4-55}$$

上式中，下脚步 2 表示工程后各量值，糙率 n 表征河床周界对水流的阻力，可认为工程前后不变；J 为能坡，考虑到研究对象为浅区断面，可不考虑沿程水头损失，只考虑局部水头损失。纵堤实施后局部水头损失可忽略，丁坝实施后形成较大的局部阻力，引起较大的局部水头损失。

纵堤实施后：

$$K_{21} = K_1 \tag{4-56}$$

丁坝实施后：根据式（4-43）、式（4-35），得

$$J_j = \frac{h_j}{l} = \frac{\xi \dfrac{V_1^2}{2g}}{l} \tag{4-57}$$

将式（4-57）代入式（4-25），有：

$$K_{22} = \frac{\left(\dfrac{\xi \dfrac{V_1^2}{2g}}{l}\right)^{1/2}}{n} \tag{4-58}$$

式中：J_j ——丁坝局部阻力增大引起的虚拟能坡；

h_j ——丁坝引起的局部水头损失，取 l 为丁坝所在汊道的长度；

V_1 ——丁坝实施前断面平均流速；

g ——重力加速度；

n ——糙率；

ξ——丁坝局部阻力系数,由式(4-51)确定。

(5)将系数K_2和各流带流速V_{2i}代入式(4-26),可求出工程后各流带内水深H_{2i}。

(6)根据概化模型动床试验结果率定参数。

采用流带法确定控制工程主尺度时,$V_i = KH^{2/3}$为实现该方法的核心,上文首先根据流带法来确定工程前系数K_1,再根据定床试验结合理论推导,提出纵堤实施后系数K_{21}及丁坝实施后系数K_{22}。对于K_1、K_{21}及K_{22},将根据概化模型动床试验结果进一步进行验证和率定。动床试验共开展了无工程、纵堤单因素试验和丁坝单因素试验3组试验,分别根据上述3组试验实测数据对K_1、K_{21}及K_{22}进行率定。

①对于无工程工况,根据流带法计算得到浅区断面系数$K_1 = 0.75$;采集概化模型动床无工程条件下经历一个水文年冲刷后,浅区断面的流速平均值和水深平均值,计算得到系数$K_1 = 0.73$,与流带法计算值非常接近,可直接采用流带法计算K_1,不做改动。

②对于纵堤工况,考虑到纵堤引起的局部水头损失极小,认为纵堤实施后$K_{21} = K_1$。根据纵堤单因素动床试验结果验证其正确性。进行纵堤单因素试验时,在护滩堤堤头设置一条纵堤,纵堤与分流面呈0°,堤根与护滩堤齐平,堤头高度/堤根高度$= 0.85$,纵堤长/堤头断面河宽$= 3.2$,采集纵堤条件下经历一个水文年冲刷后,浅区断面的流速平均值和水深平均值,计算得到$K_{21} = 0.78$,略大于$K_1 = 0.73$。这是由于丁坝实施后,坝头有所冲刷量,坝田有所淤积,使式(4-55)中,坡降J增大,使K_{21}相应有所增大,但K_{21}与$K_1 = 0.73$相差不大,仍可取$K_{21} = K_1$。

③对于丁坝工程,通过理论分析,推导得到丁坝实施后K_{22}的表达式(4-58),根据单丁坝单因素动床试验结果对式(4-58)进行验证和率定。进行单丁坝单因素试验时,在浅区断面布置一条丁坝,丁坝高度/护滩堤高度$= 0.9$,丁坝长/丁坝所在断面河宽$= 0.3$,采集单丁坝条件下经历一个水文年冲刷后,浅区断面的流速平均值和水深平均值,计算得到丁坝实施后,$K_{22} = 0.55$,小于$K_1 = 0.73$。这是因为,动床条件下,由于丁坝造床作用,出现局部冲刷坑,从式(4-25)来看,与定床条件下浅区断面相比,水深增大,流速减小,因此断面系数K值小于定床值。根据动床试验结果,对式(4-58)的K_{22}值进行率定。

$$K'_{22} = 0.8 K_{22} = 0.8 \frac{\left(\xi \dfrac{V_1^2}{2g}\right)^{1/2}}{n} \tag{4-59}$$

(7)如航槽内的最小水深大于或小于设计航深的要求,调整纵堤、齿坝、丁坝的尺度及纵堤走向,按上述(2)~(5)步骤重复进行计算,直至航槽内的最小水深达到设计航深时为止,纵堤、齿坝、丁坝的尺度及纵堤走向即可确定。

4.3 小　　结

本章基于三峡蓄水及上游大型水库群运用使上下游河势关联性加剧的背景,提出了计算上下游河段联动演变过程的判别指标,并基于该定量化联动判别指标,提出了一种航道整治工程工程区选择的新方法。本章主要结论如下:

(1)三峡蓄水后,上下游之间的河势关联性逐渐凸显,随着上游大型水库群的运用,关联性还将进一步加剧。以往的航道整治工程工程区一般设置在本河段内,考虑到上下游河势关联性,对联动性强的河段,在上游设置工程区,减缓或避免上游河势调整对整治河段的影响,可以达到事半功倍的效果。提出了一种基于定量指标的工程区选择方法,首先定量计算整治河段上下游联动指标,用以判断是否需要上下游联动治理。当研究河段联动指标≥1时,需要将上下游河段作为一个工程区主体,从上至下进行联动整治。当研究河段联动指标<1时,采取单滩治理措施,及即工程区位于整治河段内部。

（2）对于长江中下游分汊河段守护型工程,建立了守护工程实施后所能达到的最大航深数学表达公式,将其与目标航深进行对比,若大于目标航深,可考虑采用守护型工程;若小于目标航深,意味着守护型工程对航道条件的改善强度不足,必须选用强度更高的调整型工程,本项成果可用于工程初步可行性评价阶段,为初步判断与整治目标相适应的工程类型提供理论基础。

（3）以调整型工程为研究对象,开展了概化模型定床和动床试验。定床试验研究了纵堤、丁坝、齿坝对流速场的影响,并根据试验结果,从理论上提出了丁坝断面垂线平均流速的分布及丁坝局部阻力系数的计算公式,定床成果可为分汊河段控制工程平面布置和主尺度确定提供支撑。在此基础上,开展了控制工程动床冲淤试验,验证定床模型确定的主尺度,率定定床模型得出的建筑物的主尺度参数。

（4）开展了纵堤不同角度、长度和高度单因素概化模型试验,及单丁坝长度和高度单因素试验,分析了纵堤及丁坝对流速场的影响,探讨了工程的合理布置方式。此外,还进行了双坝和多坝试验,分析了双坝和多坝综合作用下的流场。

（5）对于长江中下游分汊河段调整型工程,采用流带法提出了一种适用于分汊河型的调整型工程主尺度确定方法,其步骤包括:根据河道地形图和大致的流向选定浅区处的计算断面;根据地形变化特点将各断面沿河宽划分成流量大致相等的流带;根据造床流量法确定研究河段的整治水位;计算工程前浅区断面常数和各流带流速;假定不同类型航道整治工程的主尺度参数,计算各类工程实施后浅区断面的流速变化值;计算工程实施后各流带的流速值;计算工程实施后各流带内的水深;对比航槽水深与设计航深,若航槽内的最小水深大于或小于设计航深的要求,调整航道整治建筑物的主尺度,按上述步骤重复进行计算,直至航槽内的最小水深达到设计航深时为止,航道整治建筑物的主尺度即可确定。本方法克服了以往航道整治建筑物设计中主尺度依赖整治参数确定而仅适用于正常过渡段浅滩的不足,能够适用并满足分汊河段的航道整治建筑物工程主尺度确定方法。

第 5 章　基于提高航槽冲刷效率的丁坝护底范围确定方法研究

现有护底范围的确定方法的核心均是建立在局部冲刷坑的冲刷深度预测的基础上,目的是维持建筑物的稳定性。目前,已有的工程实践及研究均未考虑丁坝护底可压缩一般性的无效冲刷范围,以达到增加丁坝有效作用效率这一重要功能。

通过二维水流数学模型,结合典型河段局部模型冲刷试验,针对基于提高航槽冲刷效率的丁坝护底范围确定方法开展研究,这种理念目前尚属空白,是丁坝应用上的创新。

5.1　丁坝的有效作用效率内涵

5.1.1　基本思路

丁坝广泛应用于航道整治,用以束水攻沙,即增大浅滩枯水期水流流速、冲刷航槽。已有的丁坝定床模型试验表明,坝轴断面流速增加值呈抛物线形分布,即坝头附近流速增加值大而对岸小,同时,在丁坝坝头附近存在复杂的三维涡流。

图 5-1 所示为丁坝作用下河床冲刷示意图,由图可见,对于河床可冲的沙质河床或卵石河床,航槽临坝边缘至坝头间纵向流速增加值大导致一般性冲刷幅度大(ΔB_2),再加上坝头附近的局部冲刷坑(ΔB_1)形成后的吸流作用,航道临坝边缘至坝头间单宽流量将明显大于定床条件,定床条件下的航槽流速增加值将明显削减,束水攻沙的效率降低。为抗拒这种降效行为,往往会通过缩窄整治线宽度进一步压缩河宽,以获得航槽内必要的流速增加值,但同时又会带来更大的局部冲刷坑和航道临坝边缘至坝头间更深的一般性的无效冲刷,工程效果仍可能难以达标。

即便通过缩窄整治线宽度可以实现设计目标,对于山区沙卵石河床或沙质中小河流可能可行,但对于大江大河,由于外部条件的限制,实施难度很大。能否通过扩大丁坝护底形成一定范围内的免冲河床,以尽可能压缩无效冲刷的范围,使得航槽内的流速增加,冲刷深度在可变河床条件下仍能达到设计指标,这至少是一个有效的选项。

假设定床条件下丁坝作用后航槽流速增加值为 ΔV_1,动床条件下丁坝作用后由于局部冲刷坑和一般性无效冲刷的同时作用,航槽流速增加值 $\Delta V_2 < \Delta V_1$(极端条件下 ΔV_2 可能出现负值),即丁坝的有效作用效率提高。

丁坝动床冲刷条件下,航槽单宽流速和单宽流量增加值小于定床的原因有两个方面,一是由丁坝坝头局部冲刷坑引起,二是由航道临坝边缘至坝头间的一般性无效冲刷引起。目前已实施的丁坝工程中,为了防止坝头局部冲刷坑对丁坝稳定性的影响,多设置护底工程,护底范围的确定从建筑物稳定性的角度出发,常用计算方法如下。

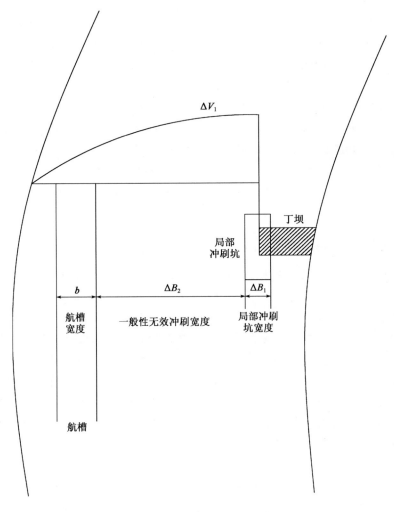

图 5-1　丁坝作用下河床冲刷示意图

(1)规范公式。

根据《水运工程土工合成材料应用技术规范》(JTJ 239—2005),护底余排宽度按下式计算:

$$L = k_p \Delta h_p \sqrt{1+m^2} \tag{5-1}$$

式中:L——软体排横向余排长度,m;

k_p——皱褶系数,取 1.1~1.3;

Δh_p——预计冲刷深度,m;

m——河床稳定边坡系数,$m = \cot\alpha$,其中 α 为河床冲刷后的坡脚。

(2)经验公式。

护底余排宽度相关论文中的经验计算公式如下:

$$B = \Delta h \sqrt{1+m^2} + \Delta B_1 + \Delta B_2 \quad (5\text{-}2)$$

式中：B——余排宽度，m；

Δh——冲刷坑深度，m；

m——冲刷坑稳定边坡系数；

B_1——余排在冲刷沟底水平段长度，m，可取 5~10m；

B_2——余排在堤脚部位水平段长度，m，可取 5~10m。

式(5-1)和式(5-2)的核心均是建立在局部冲刷坑的冲刷深度预测的基础上来确定护底范围，目的是维持建筑物的稳定性。目前已有的工程实践及研究均未考虑丁坝护底可压缩一般性的无效冲刷范围，以达到增加丁坝有效作用效率这一重要功能。

鉴于此，本章对护底提高丁坝冲刷航槽效率的现象进行研究，在此基础上，提出丁坝坝头护底范围确定方法。

5.1.2 丁坝作用效率表征指标

工程设计中所关注的主要是航槽冲刷区域水深的最终变化与丁坝及护底尺度的关系，以作为丁坝及护底参数选取的依据。不同尺度得到的冲刷效果与设计目标的比值关系即可以作为丁坝作用效率。然而，实际水深因冲刷带来的变化是工程作用下河床形态再平衡过程的终态，丁坝及护底尺度又是初始边界条件，要找到"终态"与"初始边界条件"的对应关系，即需要研究这一变化过程中的定性及定量规律。从研究的角度而言，应从影响因子(实际断面流速调整、冲刷区起动流速调整、断面地形调整等等)随初边值条件(水文泥沙条件、丁坝、护滩尺度)的变化规律入手，最终再反推至设计水深(设计航深)与丁坝、护滩尺度的关系。由于需要考虑动力过程，选取瞬时流速作为主要的参照条件较为合理(实际情况也可以选择瞬时单宽流量，即为瞬时流速与水深的乘积)。

由于流速实时变化，工程前流速变化值 ΔV_1 和 ΔV_2 究竟选取哪一时刻的流速值比较分析，存在难以统一的标准。这也是流速作用效率系数 $K = \Delta V_2 / \Delta V_1$ 定义存在缺陷的地方。事实上，即使利用瞬时单宽流量的相对变化作为参考指标，虽然兼顾流速和水深的变化进行综合考虑，但同样存在选取时刻不确定的问题。理想情况下，航槽区域冲刷遵循一致的可重复的规律客观存在(我们并不掌握)，那么即可以采用类似"黑匣子"理论，免去烦冗的过程探索(不需要掌握变化规律)，利用冲刷初始时刻条件与冲刷终了地形或水深变化直接建立关系。那么这时利用冲刷初始时刻的 $K = \Delta V_2 / \Delta V_1$ 值即可。然而，目前尚没有相关研究证实我们所说的前提条件存在。

实际上，换一个角度，如果我们能够找到水流调整—河床变形动力耦合过程中改进的判定标准(这需要进行研究)，也是可以从初态推至终态，反之亦然。在我们所关注的航槽冲刷区域内，流速和地形均随时间变化而变化，由于流速因子为主要动力条件，地形为主要的阻力条件，因此二者也存在密切的相关关系。考虑到流量可以综合反映流速和地形的变化，基于上述考量，采用工程前后流量的变化值 Δq 作为衡量丁坝作用效率的特征指标。定义系数：

$$K = \frac{\Delta q_2}{\Delta q_1} \quad (5\text{-}3)$$

式中：Δq_1——定床条件下丁坝实施后航槽单宽流量增值；

Δq_2——动床条件下丁坝实施后航槽单宽流量增值。

即用工程前后流量的变化值表征丁坝作用后，动床航槽单宽流量增值 Δq_2 与定床航槽单宽流量增值 Δq_1 的比值，称为丁坝的有效作用效率。

$$\Delta q_1 = H_1 V_1 - H_0 V_0 \approx H_0(V_1 - V_0) = H_0 \times \Delta V_1 \tag{5-4}$$

$$\begin{aligned}\Delta q_2 &= H_2 V_2 - H_0 V_0 = (H_0 + \Delta H_2)V_2 - H_0 V = H_0 V_2 - \Delta H_2 V_2 - H_0 V_0 \\ &= H_0 \times \Delta V_2 - \Delta H_2 \times V_2\end{aligned} \tag{5-5}$$

式中：H_0、V_0——丁坝实施前航槽平均水深和平均流速；

H_1、V_1——定床条件下丁坝实施后航槽平均水深和平均流速；

H_2、V_2——动床条件下丁坝实施后航槽平均水深和平均流速；

ΔV_1——定床条件下丁坝实施后航槽流速增加值；

ΔV_2——动床条件下丁坝实施后航槽流速增加值。

将式(5-4)和式(5-5)代入式(5-3)，有：

$$K = \frac{H_0 \times \Delta V_1}{H_0 \times \Delta V_2 - \Delta H_2 \times V_2} \tag{5-6}$$

拟针对基于提高航槽冲刷效率的丁坝护底范围确定方法开展研究，这种理念目前尚属空白。为了支撑该理念，确定公式(5-6)中各变量以确定丁坝作用效率系数，采取定床二维水流数学模型和动床局部冲刷物理模型以获取实测试验数据，其中 H_0、V_0 可由实测资料及二维水流数学模型获取，H_1、V_1、ΔV_1 由定床二维水流数学模型获得，H_2、V_2、ΔV_2 由动床局部冲刷物理模型获得。

5.2 丁坝坝头护底范围确定方法研究

为研究动床条件下护底对丁坝作用效率提高的这一功能，选择长江下游口岸直水道鳗鱼沙河段作为典型河段，对丁坝的定床效果利用二维水流数学模型计算，对丁坝的动床效果开展了典型河段局部冲刷模型试验，定性分析了护底对于提高丁坝效率的效果。并在此基础上，基于上述定床和动床试验数据，进一步对基于提高航槽冲刷效率的丁坝护底范围确定方法进行探讨。

5.2.1 试验河段选取

长江中下游成型的过渡性浅滩段较为常见，如南京以下的世业洲右汊进口顺直段、三益桥浅滩、鳗鱼沙过渡段浅滩等，从河型、水流、浅滩形态等方面考虑，选取条件相对简单的口岸直水道鳗鱼沙过渡段作为典型河段，口岸直水道鳗鱼沙河段河势图见图5-2。

鳗鱼沙心滩将河槽分为左、右两槽，心滩冲淤频繁，两槽相应冲淤交替发展，航槽不稳，目前左槽为主槽。近年来，鳗鱼沙心滩滩体不断冲失，鳗鱼沙两槽航道条件受到威胁，就12.5m水深而言，泰州大桥桥上高港边滩尾部、鳗鱼沙右槽下段存在浅区，河段近期通过在鳗鱼沙心滩纵向布置一潜堤,两侧分别布置 11 对护滩丁坝(高度均为 2~3m),适当增强浅区段航道浅段动力、改善浅区航道条件。

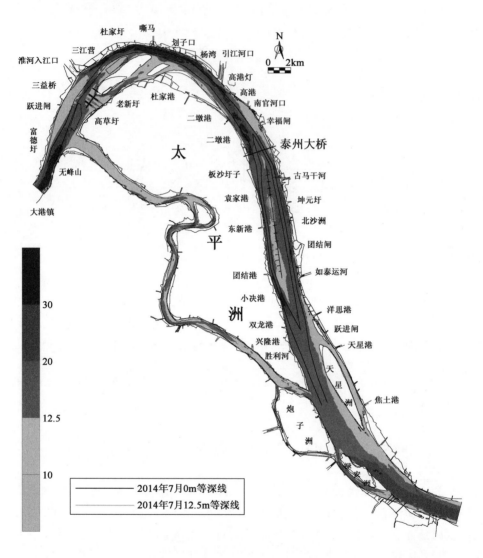

图 5-2　口岸直水道鳗鱼沙河段河势图

鳗鱼沙整治工程设计方案主要包括在鳗鱼沙滩脊纵向布置一条潜堤及横向布置 11 对护滩丁坝,其中潜堤全长约 8200m,各护滩丁坝高度为 150~300m。图 5-3 所示为鳗鱼沙河段设计方案建筑物平面布置及结构断面示意图。本试验重点关注护滩丁坝坝头冲刷及对开航道航道条件改善,对潜堤效果不做主要分析。具体来说,通过开展护滩丁坝无护底局部冲刷试验和不同护底宽度试验,分析护底对提高丁坝冲刷效率的作用。

长江中下游已建丁坝工程均布置护底,护底形成一个定床床面,丁坝通过挑流将水流送至对面航槽,增加航槽流速,该河段的碍航特征及工程形式与本研究思路较符合,具有较强的代表性,研究成果也容易推广到长江中下游其他河段上,经济、社会作用明显。

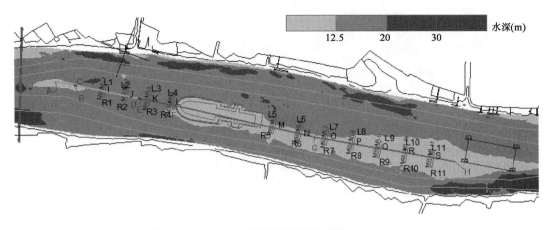

a) 整治建筑物平面布置图

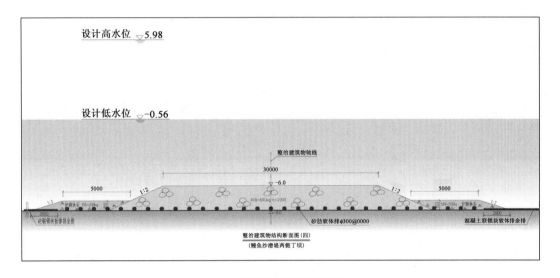

b) 护滩丁坝标准断面图

图 5-3　鳗鱼沙河段设计初步方案

5.2.2　丁坝护底效果定床数学模型认识性试验研究

定床情况下，由于河床不会发生冲淤变化，有无护底时，丁坝对航槽的作用效果相同，因此，定床仅计算无护底条件下护滩丁坝对鳗鱼沙右槽航槽航道条件改善的效果。

二维水流数学模型采用 TK-2DC 软件，计算区域及网格划分见图 5-4。计算水文条件选择平均洪水流量（57500m³/s）、造床流量（46000m³/s）和多年平均流量（28500m³/s）。

为保证认识性试验的准确性，对二维水流数学模型水位、流速、分流比等进行验证，图 5-5 所示为典型断面流速验证图。

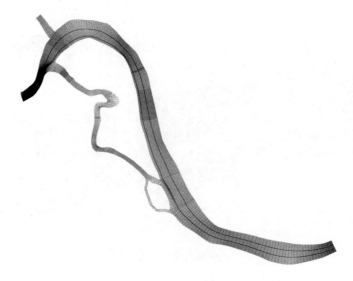

图 5-4　数学模型网格剖分示意图

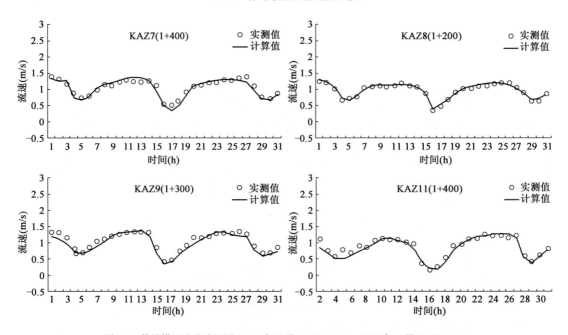

图 5-5　数学模型流速验证图(2014年6月28日12:00~2014年6月29日18:00)

图 5-6 给出了 57500m³/s 时工程前后流速比较图;图 5-7 给出了 57500m³/s 时工程后流场图。由图可知:鳗鱼沙河段心滩滩面流速有所减小,同时左右两槽航槽流速均略有增加。①前期守护工程以上左右两槽航槽流速增幅均为 0.01~0.05m/s,前期守护工程以下左右两槽航槽流速增幅为 0.01~0.02m/s,其中,右槽出口处流速增幅为 0.01~0.05m/s。②前期守护工程以下潜堤两侧护滩丁坝间鳗鱼沙心滩滩面流速有所减小,减幅为 0.02~0.1m/s。③护滩丁坝头部流速增幅为 0.02~0.05m/s。④泰州大桥桥区流速基本没有变化,各测点流速变化基本都在 ±0.005m/s 以内。

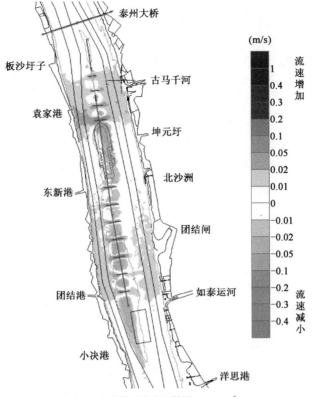

图 5-6 工程前后流速比较图（57500m³/s）

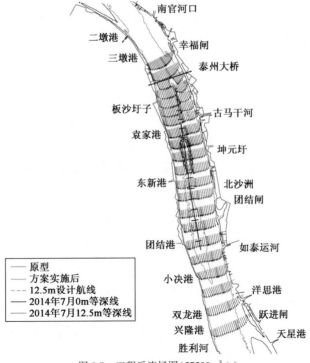

图 5-7 工程后流场图（57500m³/s）

5.2.3 丁坝护底效果动床局部冲刷模型试验研究

以长江下游口岸直水道鳗鱼沙河段为典型河段，开展鳗鱼沙整治工程建筑物局部极限冲刷试验，为确定式(5-6)中动床部分数值提供支撑。

5.2.3.1 局部模型模拟区域确定

由于护底周围局部冲刷主要是复杂的水流运动引起的，为反映护底头部冲刷坑深度和范围，采用为正态动床模型(即平面比尺和垂直比尺相同)。鳗鱼沙河段平均河宽3.0km以上，若选择全河宽开展局部正态模型研究试验场地、供水等条件很难满足，因此，选择局部区域开展局部模型试验。

由于鳗鱼沙心滩治理工程由潜堤及两侧护底坝构成，分析表明鳗鱼沙潜堤工程前后重点关注变形区域主要在潜堤头部、坝头与前期鳗鱼沙心滩守护工程头部之间鞍槽部分、已建鳗鱼沙头部守护工程尾部至潜堤中段、潜堤尾部等。根据水槽长度及试验重点关注区域，将鳗鱼沙工程区纵向分为1号、2号、3号三个局部模型分别开展研究。各模型范围及各模型试验研究有效试验区域见图5-8。

5.2.3.2 试验水文条件选择

由于关注的是不同护底范围下冲刷坑的发展、航槽冲刷效率的变化，为使无护底条件下丁坝坝头冲刷坑较为明显(对航槽冲刷不利)，便于方案之间的效果对比，水文条件应考虑较大流量，因此，选择多年平均洪水流量($57500 \text{m}^3/\text{s}$)、造床流量($46000 \text{m}^3/\text{s}$)和多年平均流量($28500 \text{m}^3/\text{s}$)作为试验流量下水文参数开展鳗鱼沙整治工程建筑物局部极限冲刷试验。水文条件的选取与数学模型定床认识性试验一致。

5.2.3.3 局部正态模型设计

局部正态模型应满足水流运动相似和泥沙起动相似，包括惯性力重力比相似、惯性力阻力比相似、泥沙起动相似等。为了保证局部冲刷深度与范围的相似，模型沙满足休止角相似。

5.2.3.4 模型制作及率定

1)模型制作及测量

鳗鱼沙工程局部概化模型在长50m、宽8m、高0.8m的矩形水槽中(图5-9)开展试验。

依据前述确定的各模型范围，按照几何比尺，制作动床模板，用浸泡的模型沙塑造出河床形态。根据模型比尺、工程区覆盖层厚度以及河段已建工程冲刷情况确定水槽底部铺沙厚为25cm，模型沙级配由所在河段近期实测床沙级配根据模型比尺按起动相似计算确定。

进口流量由电磁流量计控制，尾门由翻板门结合小水阀控制，水位由水位测针测读，水面线由安装在槽顶的活动水位和流量自动测量系统测量，采用照相和录像观测工程区流态。

第5章 基于提高航槽冲刷效率的丁坝护底范围确定方法研究

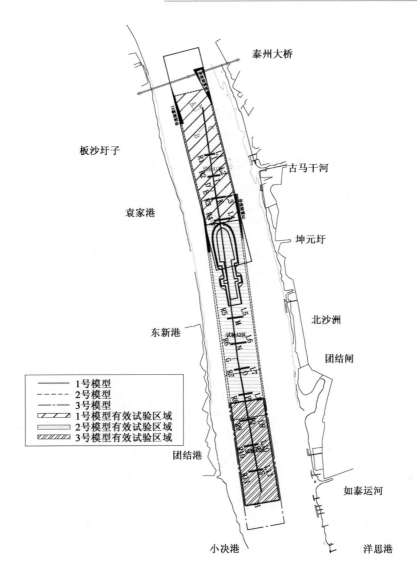

图 5-8　局部模型范围及试验有效区域示意总图

图 5-9　水槽剖面布置示意图(尺寸单位:m)

地形测量采用武汉大学自动地形测量系统(图 5-10、图 5-11)。由于本试验研究局部冲刷问题,建筑物局部冲刷坑的观测精度要求较高,考虑到自动地形测量系统对局部地形观测的局限、沙波等对局部冲刷坑形态的影响,本试验建筑物头部采用网格加密方法测量,即在建筑物头部各布置长12.5m的正方形网格若干,每个网格采用五点法测量,取测量值的平均。

图5-10　量测控制系统

图5-11　量测控制系统

2) 模型率定

在正式进行试验之前,为了使模型满足试验需要,对模型进行了水流率定。数据主要从原有河段数学模型提取,经数学模型计算、概化水槽模型率定并做必要调整,最终确定为试验控制数据,根据数学模型计算结果对局部冲刷模型进行率定,由率定结果(图5-12)可知:模型流速测值与数学模型计算值间相对误差在5%以内,建筑物特征部位流向与数学模型计算值基本一致,流速的吻合性较好。

试验时间是根据冲淤平衡确定的,一般塑料沙冲刷平衡时间在3~5h,平衡时间同模型选沙、水流条件等相关(水动力强冲刷坑发展快平衡快,水动力条件弱则相反)。率定试验过程中采用地形仪监测地形变化,至冲淤较为缓慢并形成一定粗化层停止试验,此时建筑物局部冲刷逐渐稳定,冲深达到平衡(图5-13),试验表明约3h本试验即基本达到冲淤平衡。

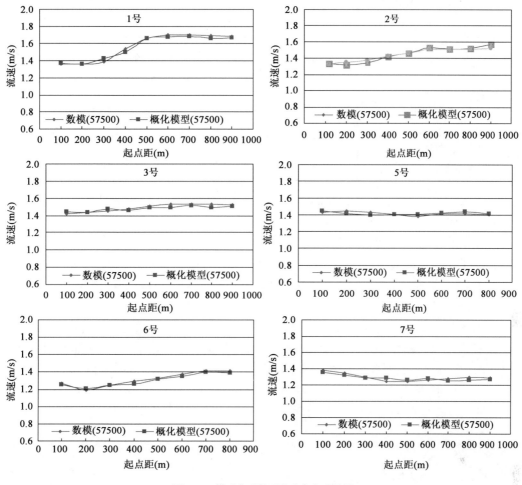

图 5-12 模型典型断面流速率定成果图

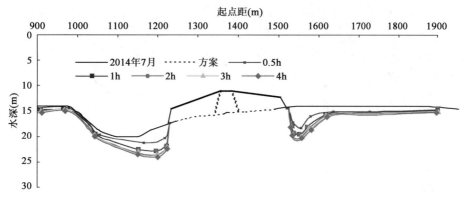

图 5-13 典型断面河床随时间冲刷变化图（57500 m³/s）

5.2.3.5 局部冲刷试验结果

本试验以设计护滩丁坝坝体平面布置为基础，在坝体边缘增加一定宽度护底余排，本试验对有无护底方案开展局部冲刷试验。试验流量条件与定床数学模型一致。同样，本试验以分析护滩丁坝坝体试验数据为主,护底具体参数见表 5-1。

护滩丁坝护底设计参数表　　　　　表 5-1

类　　别	护底宽度(m)	
	坝身上下	坝头上下
护底方案 1(无护底)	0 + 0	0 + 0
护底方案 2	10 + 15	20 + 40
护底方案 3	20 + 35	40 + 60
护底方案 4	30 + 50	60 + 80
护底方案 5	40 + 65	70 + 90

1)1 号模型护滩丁坝周围局部冲刷

(1)无护底丁坝周围局部冲刷。

因护滩丁坝与床面泥沙的可动性的性质差异,交界处多产生局部冲刷,8 条护滩丁坝下缘冲刷范围普遍要明显大于上缘。护滩丁坝上缘 20～40m 区域冲刷明显,护滩丁坝下缘 30～50m 区域冲刷明显。

各护滩丁坝头部冲刷坑与水流(方向、流速大小)密切相关,一般上游护滩丁坝头部冲刷大于下游护滩丁坝,左侧冲刷范围大于右侧,8 条护滩丁坝中 R1、L1 头部局部冲刷均比较大(图 5-14)。多年平均洪水流量(57500m^3/s)、造床流量(46000m^3/s)、多年平均流量(28500m^3/s)下 R1 护滩丁坝头部最大冲深分别为 6.8m、5.1m、4.0m,L1 护滩丁坝头部最大冲刷深度分别为 7.0m、5.0m、3.1m(图 5-15)。

图 5-14　1 号模型无护底护滩丁坝局部冲刷照片

(2)有护底丁坝周围局部冲刷。

以护底方案 4 为例进行分析。

1 号模型 8 条护滩丁坝实施护底后各流量下建筑物头部存在明显冲刷,冲刷范围增大,冲刷深度减小,各护滩丁坝头部冲刷最大部位多位于迎水侧(图 5-16)。

每对护滩丁坝左侧冲刷范围和深度均略大于右侧护滩丁坝(图 5-17);护滩丁坝上缘 20～40m 区域存在明显冲刷,护滩丁坝下缘 30～45m 区域存在明显冲刷。

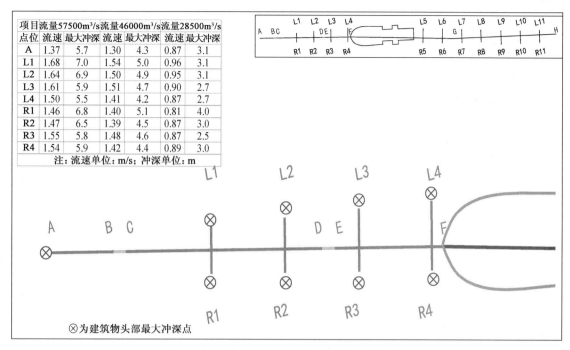

图 5-15 1号模型无护底护滩丁坝局部冲刷特征值图

图 5-16 1号模型有护底护滩丁坝局部冲刷情况照片

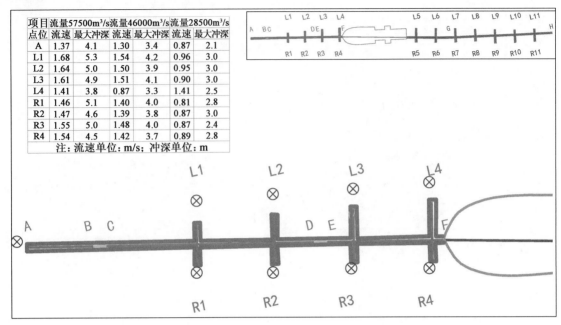

点位	流量57500m³/s 流速	流量57500m³/s 最大冲深	流量46000m³/s 流速	流量46000m³/s 最大冲深	流量28500m³/s 流速	流量28500m³/s 最大冲深
A	1.37	4.1	1.30	3.4	0.87	2.1
L1	1.68	5.3	1.54	4.2	0.96	3.0
L2	1.64	5.0	1.50	3.9	0.95	3.0
L3	1.61	4.9	1.51	4.1	0.90	3.0
L4	1.41	3.8	0.87	3.3	1.41	2.5
R1	1.46	5.1	1.40	4.0	0.81	2.8
R2	1.47	4.6	1.39	3.8	0.87	3.0
R3	1.55	5.0	1.48	4.0	0.87	2.4
R4	1.54	4.5	1.42	3.7	0.89	2.8

注：流速单位：m/s；冲深单位：m

图 5-17 1 号模型有护底护滩丁坝局部冲刷特征值图

2）2 号模型护滩丁坝周围局部冲刷

（1）无护底丁坝周围局部冲刷。

2 号模型护滩丁坝上下缘冲刷明显小于 1 号模型，冲刷范围基本一致；左右对称的护滩丁坝之间局部冲刷一致；护滩丁坝上缘 25~40m 区域明显冲刷，下缘 30~50m 区域有一定的冲刷（图 5-18）。8 条护滩丁坝头部最大局部冲刷发生在 R5，R7、R8 周围局部冲刷相对较小（图 5-19）。

图 5-18 2 号模型无护底护滩丁坝局部冲刷照片

（2）有护底丁坝周围局部冲刷。

以护底方案 4 为例进行分析。

2 号模型有护底时护滩丁坝周围局部冲淤幅度明显要小于无护底冲刷试验（图 5-20），8 条护滩丁坝上下缘冲刷范围呈上小下大、左右对称，护滩丁坝上缘 20~30m 区域存在明显冲刷，护滩丁坝下缘 20~40m 区域存在明显冲刷。

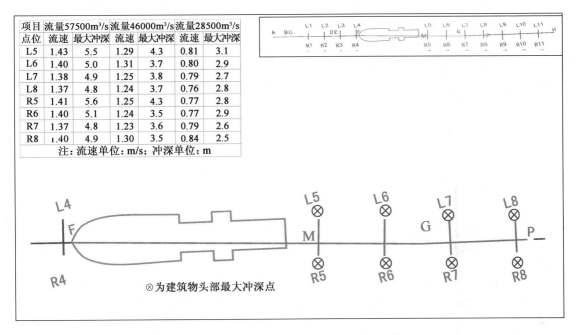

图 5-19 2 号模型无护底护滩丁坝局部冲刷特征值图

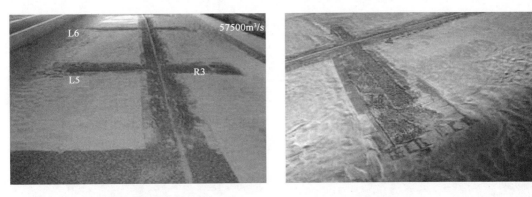

图 5-20 2 号模型有护底护滩丁坝局部冲刷情况照片

8 条护滩丁坝头部冲刷范围较无防护均有所扩大,头部最大冲刷深度减小,其中最大冲刷幅度位于护滩丁坝 R5 头部,多年平均洪水流量($57500m^3/s$)、造床流量($46000m^3/s$)、多年平均流量($28500m^3/s$)下 R5 头部局部最大冲刷深度分别达 4.3m、3.8m、3.0m(图 5-21)。

3)3 号模型护滩丁坝周围局部冲刷

(1)无护底丁坝周围局部冲刷。

3 号模型护滩丁坝局部冲淤幅度与上游 2 号模型基本一致,6 条护滩丁坝最大冲刷发生在 R10(图 5-22),R10 多年平均洪水流量($57500m^3/s$)、造床流量($46000m^3/s$)、多年平均流量($28500m^3/s$)下头部局部最大冲刷深度分别达 5.0m、3.6m、2.6m;护滩丁坝上缘 20~30m 区域存在明显冲刷,护滩丁坝下缘 20~30m 区域存在明显冲刷(图 5-23)。

(2)有护底丁坝周围局部冲刷。

以护底方案 4 为例进行分析。

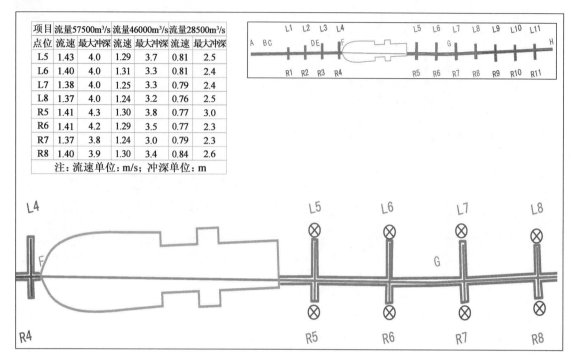

图 5-21　2 号模型有护底护滩丁坝局部冲刷特征值图

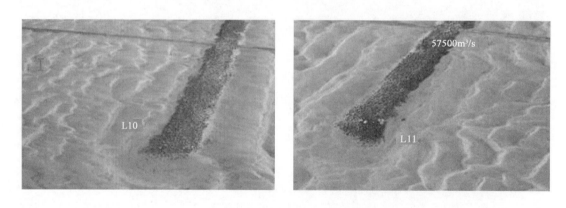

图 5-22　3 号模型无护底护滩丁坝局部冲刷照片

实施护底后,护滩丁坝 3 号模型局部冲淤幅度与 2 号模型基本一致(图 5-24),其中护滩丁坝护底后上、下缘冲刷范围均为 20～40m,6 条护滩丁坝头部局部最大冲刷位于 R10(图 5-25)。

4)试验小结

由 1 号、2 号、3 号有、无护底条件下局部冲刷试验可知:

无护底条件下,1 号模型区域周围为护滩丁坝重点防护区域;2 号模型区域冲刷虽不是很严重,但鉴于该区域近期天然条件下冲刷较大,护底设计时亦要充分考虑这一因素。同时,各流量下护滩丁坝上游冲刷范围小于下游,建议上下游护底守护范围应该有所不同。

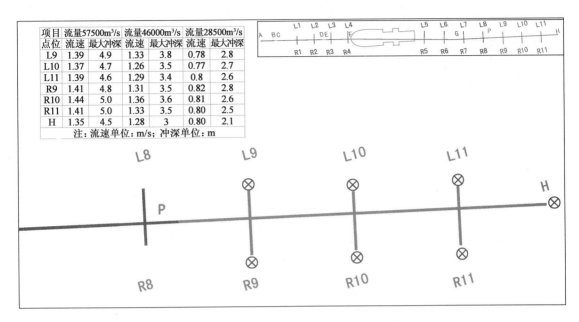

图 5-23　3 号模型无护底护滩丁坝局部冲刷特征值图

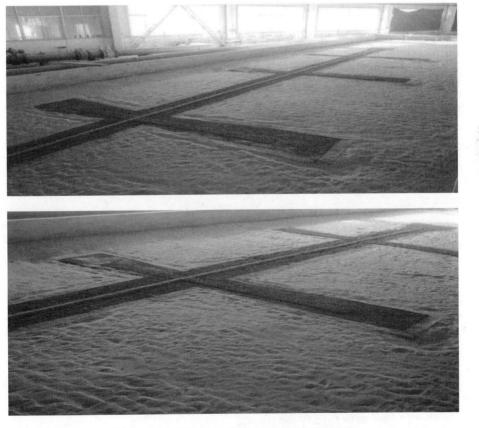

图 5-24　3 号模型有护底护滩丁坝局部冲刷情况照片

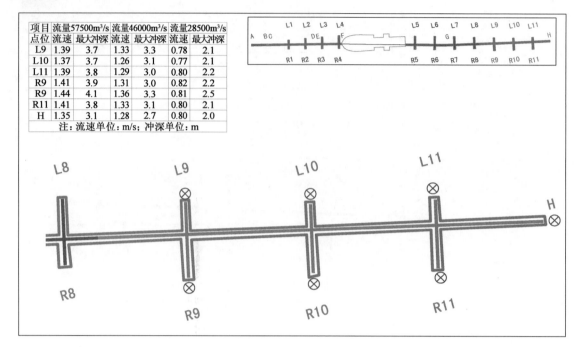

图 5-25　3 号模型有护底护滩丁坝局部冲刷特征值图

有护底条件下,实施护底冲刷试验后,各护滩丁坝头部、边缘、潜堤两侧冲刷深度减小,冲刷范围增大。试验过程中,排体未出现被水流掀起的情况,排边亦未出现明显变形扭曲等变形破坏现象。

5.2.4　基于丁坝的有效作用效率的护底范围确定方法初探

利用上文数学模型定床认识性试验及动床局部冲刷模型试验实测数据,研究护底范围的确定方法,其中护底宽度、长度分别指沿河宽、水流方向的尺寸参数。护底长度一般根据丁坝宽度,上、下游各留一定的富裕长度,依照经验而定。影响丁坝冲刷航槽效率的主要是护底的宽度,因此,本研究的护底范围主要指护底的宽度(图 5-26)。

在丁坝尺度一定的条件下,对于护底丁坝而言,丁坝的有效作用效率系数 K 主要与航槽宽度 b、护底宽度 B、总宽度等因素有关 B',基于量纲分析原理,丁坝有效作用效率系数 K 可由下式表示:

$$K = (1 - C)\left(\frac{B}{B' - b}\right)^m + C \tag{5-7}$$

式中:K——丁坝有效冲刷效率;

　　　C——系数,需根据试验资料确定;

　　　B——护底宽度;

　　　m——指数,需根据试验资料确定;

　　　B'——丁坝坝根至航槽外边缘总宽度。

$$B' = L_{坝} + \Delta B_1 + \Delta B_2 + b \tag{5-8}$$

式中：$L_{坝}$——丁坝长度；
　　ΔB_1——丁坝坝头局部冲刷坑宽度；
　　ΔB_2——一般无效性冲刷宽度；
　　b——航槽宽度。

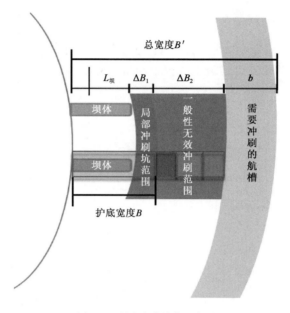

图 5-26　护底宽度计算示意图

由图 5-3 和公式(5-7)可知：

(1) 当丁坝不设置护底，即护底宽度 $B=0$ 时，丁坝的有效冲刷效率为常数：$K=C$。

(2) 当护底从丁坝坝根一直护到航槽临坝边缘时，此时护底范围最大，即护底宽度 $B=B'-b$ 时，丁坝的有效冲刷效率最大：$K=100\%$（图5-27）。

式(5-6)中，C 和 m 为待定系数，可根据上文试验资料确定。根据二维水流数模试验和物理模型局部冲刷试验，对无量纲参数 C 和 m 进行回归分析，确定了待定系数：$C=0.5$，$m=1.1$，代入式(5-7)，得到丁坝有效冲刷效率 K 的计算公式：

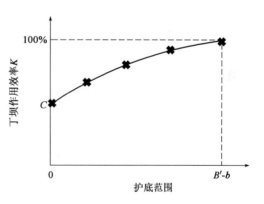

图 5-27　护底宽度与丁坝作用效率关系图

$$K = 0.5\left(\frac{B}{B'-b}\right)^{1.1} + 0.5 \qquad (5\text{-}9)$$

通过式(5-9)可反算得到丁坝坝头护底宽度 B。

5.3　小　　结

(1) 现有护底范围的确定方法的核心均是建立在局部冲刷坑的冲刷深度预测的基础上，

目的是维持建筑物的稳定性。目前已有的工程实践及研究均未考虑丁坝护底可压缩一般性的无效冲刷范围,以达到增加丁坝有效作用效率这一重要功能。

(2)为研究护底的这一功能,并提出其确定方法,开展了定床二维水流数学模型计算和动床物理模型典型河段局部冲刷试验,分析了护底对于提高丁坝效率的效果。

(3)提出丁坝有效冲刷效率 K 的计算公式形式为 $K = (1-C)\left(\dfrac{B}{B'-b}\right)^m + C$。当丁坝不设置护底时,丁坝的有效冲刷效率为常数 C;当护底从丁坝坝根一直护到航槽边缘时,丁坝的有效冲刷效率为100%。并基于试验数据进行了无量纲分析,初步确定了待定系数 C 和 m 的值。

第6章 长江中下游典型分汊河段生态航道建设技术探索

按照"生态优先,绿色发展"的长江航道治理新理念,在平面布置优化、结构优化、施工安排和环保措施落实等方面,全面贯彻落实生态航道建设原则,力求实现工程实施后的生态效益和航道效益之和最大化。

在当下生态环保约束条件下,亟须明确航道整治工程对生态环境的影响,形成生态航道建设新理念与新技术。目前,航道整治工程对生态要素的影响不明确、生态水力学模型试验及数值模拟技术不完善、物理生境多样化的工程布置形式不成熟、生态融入型新结构及新材料不丰富。

6.1 芜裕河段概况

6.1.1 地理位置、水系和流域概况

芜裕河段位于长江下游安徽省芜湖市和马鞍山市境内,距南京市75km。河段上起山西嘴,下至东梁山,全长约24km。河段左岸裕溪河以上为芜湖市管辖,裕溪河以下归安徽省马鞍山市管辖,河段右岸为芜湖市管辖。

芜裕河段属长江流域下游平原水系内,河段内有支流青弋江、裕溪河等汇入。

青弋江源出中国安徽省黟县黄山北麓,于芜湖市区入长江。西河镇水文站多年平均流量154m^3/s,最大年平均流量344m^3/s(1954年);最小年平均流量74.3m^3/s。流入长江正常年径流62.76亿m^3,最丰水年高达104.98亿m^3,最枯水年24.53亿m^3。

裕溪河属长江支流。上起巢湖闸,下至裕溪口入江。裕溪河又名运漕河,为沟通长江与巢湖的通道,由巢湖闸至裕溪口全长68km,裕溪河年平均流量120m^3/s,安全泄量10~20年一遇为600~800m^3/s,100年一遇为1170m^3/s。

6.1.2 河道特征

芜裕河段为两头束窄、中间展宽的鹅头型分汊型河道(图6-1)。河段进口河宽1300m,出口河宽东梁山最窄处约1000m,河道进口顺直放宽,至接近出口的东梁山上游达到最大河宽4700m,而后受东、西梁山节点控制,骤然收窄。在芜湖长江大桥以下江中依次有曹姑洲心滩、曹姑洲及陈家洲三个洲滩将水道分为左右两汊,其中右汊西华水道为主汊(主航道),左汊裕溪口水道为支汊。曹姑洲心滩、曹姑洲、陈家洲长度分别为3.65km、1.2km和5.5km,洲间有串沟存在,串沟水流为自裕溪口水道流入西华水道。为方便叙述,本章将曹姑洲心滩与曹姑洲间串沟简称为1号串沟,曹姑洲与陈家洲间串沟简称为2号串沟。

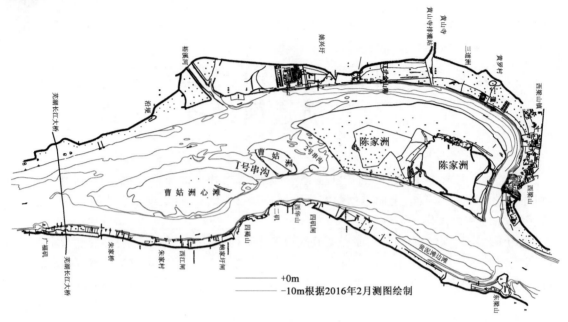

图 6-1　芜裕河段河势图

芜裕河段由四个水道组成,分别为芜湖水道、芜湖大桥水道、西华水道和裕溪口水道。

芜湖水道上接白茆水道,经山西嘴河道由西东向 90°转折为南北向,水道内有芜湖轮渡、芜湖汽渡等渡口,目前正在建设的商合杭芜湖铁路桥也位于本水道。水道左侧为已守护大拐江堤,右侧有青弋江汇入,水道两岸岸线利用率高,均建有码头,深槽贴靠河道右侧。青弋江河口下有大块礁板硬泥沙滩,下游有弋矶山矶头。

芜湖大桥水道为河道由单一向分汊过渡河段,河道总体为顺直放宽形态。芜湖港位于芜湖大桥水道的右岸,右岸岸线利用率高,左岸也有华谊化工码头等临河设施,芜湖大桥位于水道中部。芜湖大桥水道为双槽格局,中间分界为曹姑洲心滩滩头低滩,心滩滩脊走向基本与芜湖大桥走向垂直。

西华水道为一个两次弯曲的微弯水道,受江心曹姑洲心滩和右岸四褐山节点影响,水道上段为逆时针弯道,曲率半径为1400m,下弯道为顺时针弯道,曲率半径为5220m。西华水道右岸四褐山处岸形突出,航道狭窄且近岸处多礁石,黄土山以下的江中有一道狭长形暗滩(黄泥滩边滩),滩尾延伸至东梁山。

左汊裕溪口水道陈家洲头以上河段较为顺直,河道宽浅(曹姑洲心滩处枯水河宽1450m),在曹姑洲心滩至陈家洲段存在过渡段浅滩,上深槽靠右(曹姑洲心滩侧),下深槽贴左岸,在陈家洲中部以下河道弯曲、狭窄,受西梁山节点控制,在陈家洲尾水道存在一 90°急弯,曲率半径仅 920m,水道最窄处河宽仅 380m。

6.2　芜裕河段航道整治目标及方案

6.2.1　芜裕河段航道存在的问题

对芜裕河段河道演变的分析研究表明,近年来,芜裕河段出现了不利于航道条件稳定的变化。芜裕河段目前存在以下问题：

(1) 曹姑洲心滩的左冲右淤，裕溪口水道上段分流增加，串沟冲刷发展，引起西华水道上段航宽缩窄、斜流加大，裕溪口水道过渡段水深减小。

自 2013 年元月起，裕溪口水道也正式开通为公用航道，芜裕河段两汊均有维护要求。从航道运行的角度看，目前两汊航道条件相对较好，从航道维护角度看，航道尺度均能满足维护要求，无明显碍航问题，滩槽格局较好。因此，从维护航道稳定角度，要求维持目前滩槽格局稳定。但从近年来芜裕河道的变化看，随着曹姑洲心滩及曹姑洲的冲刷发展，曹姑洲心滩左缘、曹姑洲和陈家洲间串沟冲刷明显，裕溪口水道和西华水道分流分沙随着江心洲滩的冲淤变化而变化，且两汊航道条件逐渐恶化。如曹姑洲心滩左侧分流进一步加大，则曹姑洲右侧西华水道入流减少，为曹姑洲心滩向右淤积创造了条件，西华水道上段航宽逐步缩窄，反过来西华水道上段阻力加大，又促进裕溪口水道入流增加，历史上 1976 年西华水道上段 10m 航道宽度不足 200m 即曹姑洲向右淤积所致。1 号串沟、2 号串沟的持续发展则会冲蚀掉曹姑洲，串沟合并升级为汊道，水流自左侧流向右侧阻力显著减小，则裕溪口水道下段分流逐渐减小，航道淤积，航道条件恶化，历史上出现裕溪口水道分流最小 0.6%。

(2) 曹姑洲心滩的右移挤压主流右偏，造成右岸四褐山挑流作用加强，使其对岸的曹姑洲、陈家洲右缘受冲崩退。串沟来流的显著增加更恶化了西华水道四褐山段的航道条件。

随着曹姑洲心滩的出现并逐渐淤积右扩，西华水道航路逐渐弯曲，四褐山挑流作用加强，西江闸至四矶闸之间航路弯曲，流态也变差。而四褐山挑流作用加强，又引起对岸曹姑洲、陈家洲右缘受冲崩岸，航道边界不稳，进而加剧芜裕河段江心洲滩的演变，不利于航道稳定。而串沟分流的增加恶化了西华水道的航道条件，海事部门在 2016 年 5 月初报告，船舶行驶至西华水道曹姑洲附近水域时受横流影响明显，存在安全隐患，据现场观察，曹姑洲串沟处有多股横流，影响船舶航行安全，芜湖航道处于 2016 年 5 月 24 日在曹姑洲右侧设置长江下游第一座横流标。这也体现了目前芜裕河段虽然航道维护尺度能满足规划要求，但航道航行水流条件趋于恶化。

(3) 曹姑洲心滩及串沟的变化是江心洲水道滩槽及航道稳定的不确定因素，目前发展趋势不利于江心洲水道入流条件稳定。

芜裕河段洲滩槽的变化对其下游江心洲河段影响直接，且芜裕河段的心滩及边滩发展变化不利于该河段优良航道条件的稳定。芜裕河段近年来变化对裕溪口水道下段和西华水道下段的分流影响不大，因此，主流出东西梁山后位置暂未发生大变化，为江心洲河段的航道整治工程创造了有利的边界条件。但是近年来芜裕河段洲滩变化趋向于剧烈，两汊分流比变化也逐渐加大，如任其发展，出东梁山主流存在较大摆动的可能。而从江心洲河段总体整治的要求出发，如果上游主流发生较大摆动，则目前江心洲水道微弯过渡良好航道走向可能被破坏，江心洲水道滩槽格局将发生较大变化，这对于下游深水航道的稳定是不利的。

从滩槽演变本身来说，曹姑洲心滩的左冲右淤对于裕溪口水道的发展是有利的，但裕溪口水道下段的弯曲狭窄河道本身的过流受限，因此，1 号窜沟、2 号窜沟的发展是裕溪口水道上段分流持续增加的必然结果。芜裕河段本身滩槽发展的阶段性也决定了芜裕河段进入窜沟发展的加速时期。

三峡水库蓄水后的大水年对芜裕河段心滩和窜沟的冲刷调整逐渐加强。由于大水冲刷曹姑洲心滩及曹姑洲左侧，裕溪口水道上深槽的下延和右摆，对 2 号窜沟的发展有利。裕溪口水道上段分流比近年来逐渐加大,与分流比加大同时出现的是深槽向下游发展;受裕溪口水道下段河道扭曲、河宽狭窄而分流受限影响,洲间窜沟在中高水期上、下形成较大水位差,窜沟冲刷动力增强因而得以发展,分流比也随之加大。

裕溪口水道上段深槽向下游发展无疑对该支汊航道的改善是有利的,但由于上段深槽在向下游发展的同时右偏,有和洲间窜沟连通之势,一旦深槽和窜沟连通,裕溪口水道上段的分流量还将进一步加大,洲间窜沟分流比将大幅增加,裕溪口水道下段分流量将可能减小,支汊航道条件将趋差;同时,洲间窜沟分流的大幅增加将使得陈家洲右汊主流右偏,黄泥滩边滩将受冲,使得目前相对稳定的江心洲河段入流条件发生改变,于江心洲河段航道条件不利;另外,心滩左侧分流加大,深槽偏右向下发展,将使得心滩右侧淤扩,于芜湖大桥桥区航道不利,心滩右侧的主航道将更加弯曲、狭窄,航道条件趋差。

6.2.2 芜裕河段航道存在的问题的解决措施

针对目前航道存在的问题,对本河段的整治以稳定滩槽格局,防止不利变化持续,稳定目前航道条件为目标。

在过去长期的演变过程中,芜裕河段滩槽演变是有一定周期性的。在三峡水库蓄水前的周期性规律中,1号串沟的发展和2号串沟的衰减是同步的,在上游心滩发展壮大的过程中,中间心滩和下游心滩间串沟衰减,下游心滩逐步合并,而上游心滩在发展过程中再被切割,进而又形成三个心滩、两个串沟格局。但在三峡水库蓄水后,这种周期性变化规律一定程度上发生了改变,上游心滩及串沟的变化仍在延续以前的变化规律,但由于水沙条件的改变,下游串沟在上游串沟发展的同时,并未进入衰减阶段,且存在较大发展,这一变化导致了自裕溪口水道分流进入西华水道的流量显著增加,从来带来现在威胁航道条件稳定的变化。这种打破原有周期变化规律的新变化,是不利芜裕河段两汊通航条件的,因此,本工程设计的根本出发点是稳定目前滩槽格局,控制和减弱滩槽演变平衡被打破对航道条件的影响。

根据芜裕河段建设目标及航道存在的主要问题,结合今后的发展趋势,确定长江下游芜裕河段航道整治工程的总体设计思路为:采取工程措施稳定芜裕河段滩槽格局,稳定两汊分流,稳定西华水道和裕溪口水道航道条件,避免航道条件恶化。

曹姑洲心滩左冲右淤和串沟发展是本河段航道出现不利趋势的根本原因。曹姑洲心滩左冲可以通过工程守护解决,而曹姑洲心滩右淤从河演分析来看主要是水动力变化和分流比减小造成,而这两个因素均和曹姑洲心滩头部的分流有关;串沟的发展则也可通过守护工程来限制。在具体的工程措施上,主要考虑的是为了达到稳定滩槽格局、稳定航道条件的目的,工程设计需对可能对滩槽格局和航道条件产生较大影响的重点变形区域进行守护或保护,在统筹兼顾、生态优先原则下,实施工程固滩稳槽、控制串沟、稳定边界。通过曹姑洲心滩护岸及护底延伸守护,稳定曹姑洲心滩两汊分流比,通过曹姑洲心滩左缘护底带保护心滩左缘的同时增加裕溪口水道右侧阻力,抑制主流右偏,同时限制1号串沟的继续冲刷发展,在2号串沟设置2道护底带工程,限制串沟的进一步冲刷及分流的增加,同时配合曹姑洲和陈家洲护岸工程,稳定裕溪口水道和西华水道航道边界。

6.2.3 整治目标

根据目前芜裕河段的演变特点、总体治理思路,芜裕河段整治目标确定为:稳定滩槽格局,遏制不利变化,维持西华水道和裕溪口水道相对较好的通航条件,实现规划目标。

6.2.4 整治原则

根据芜裕河段河床演变特点与趋势,结合航道治理目标、河势控制规划及外部环境,本河段航道整治原则为:

(1)统筹兼顾,生态优先。在方案选择、工程布置、结构设计及环保措施、施工组织中,充分考虑环保、防洪、港口、桥梁、岸线等涉水各方利益诉求,贯彻"不搞大开发,共同大保护"和长江经济带建设有关要求,以考虑生态环保优先为原则,统筹考虑生态效果和治理效果,实现保护与开发并重,建设人与自然和谐的绿色生态廊道。

(2)固滩稳槽,因势利导。芜裕河段目前两汊航道条件均处于相对较好时期,只是由于外部来水来沙调整和本河段内滩槽演变自然过程影响,河段滩槽变化对于本河段航道条件稳定和下游河段航道条件稳定不利,因此需采取一定的治理工程和守护工程,利用洲滩演变的自然规律,因势利导,防止滩槽不利变化趋势的延续,维护目前较好的滩槽格局和航道条件。

(3)控制窜沟,稳定边界。近年来芜裕河段航道滩槽变化主要表现在,曹姑洲心滩的头部及左缘冲刷、右缘淤积,曹姑洲大幅度冲刷后退,陈家洲右缘崩岸,1 号窜沟、2 号窜沟的冲刷发展,黄泥滩边滩的冲刷等。若这一系列变化持续,西华水道上段航宽减小、航道扭曲,航道条件变差;1 号窜沟、2 号窜沟持续发展则可能由窜沟合并为汊道,对裕溪口水道下段分流严重不利;而 1 号窜沟、2 号窜沟的发展引起陈家洲右缘崩岸的发展、西华水道下段黄泥滩边滩的冲刷,造成西华水道下段主流右偏,东梁山挑流作用加强,对下游江心洲河段入流条件的稳定极为不利,也将影响整个下游江心洲河段滩槽格局的稳定。因此,基于河道现状和航道形势,对目前心滩尚较完整、主流未发生大幅度摆动的有利河岸、洲滩等关键部位采用守护工程予以稳定,控制窜沟、稳定边界,保持良好滩槽形态,可收到事半功倍的效果。

6.2.5 工程平面布置

6.2.5.1 建设规模

项目建设目标是:稳定洲滩格局,防止不利变化,维持西华水道和裕溪口水道相对较好的通航条件。

工程主要建设内容为:在曹姑洲心滩左缘新建 2 条护底带;在 2 号串沟内新建 2 条护底带;建设曹姑洲心滩头部及左缘护岸、曹姑洲头部及右侧护岸、陈家洲右侧护岸;配套建设整治建筑物专用标 12 座。

6.2.5.2 建设标准

(1)航道等级:Ⅰ级航道。

(2)航道尺度:山西嘴至芜湖长江大桥段,$7.0m \times 200m \times 1050m$,芜湖长江大桥至东梁山段,$10.5m \times 200m \times 1050m$,保证率为 98%。

(3)通航代表船型(队):通航 2 万~4 万吨级船队,尺度为 $198m \times 42m \times 3.8m$;1 万吨级海船,尺度为 $135m \times 20.5m \times 8.5m$。

6.2.5.3 工程平面布置

工程平面布置见图 6-2。

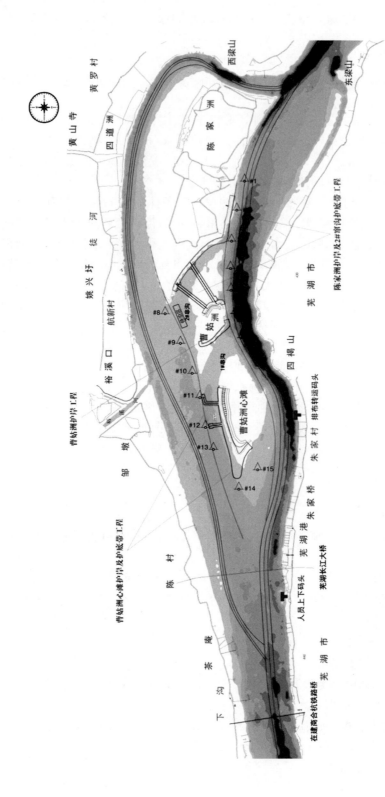

图 6-2 长江下游芜裕河段航道整治工程方案布置图

(1) 曹姑洲心滩护岸工程：为了遏制心滩头部低滩及左缘的冲刷，在心滩头部及左缘实施护岸工程，护岸长度为2041m，左缘末端设50m长衔接段，右缘末端设100m长衔接。

(2) 曹姑洲心滩左缘护底带工程：为了防止心滩左缘低滩进一步冲刷，同时间接限制1号串沟的发展，在曹姑洲心滩护岸工程左侧布置两条护底带，其主要作用为防止曹姑洲心滩左缘进一步刷低，增加1号串沟枯水入流阻力，限制串沟发展，其中第一条为直型护底带，长度为326m，宽度为80~110m；第二条为勾头型护底带，长度554m（含勾头长222m），宽度为80m。

(3) 曹姑洲护岸工程：为了防止曹姑洲继续崩退，在洲体头部及右缘布置护岸工程。护岸工程长为963m，左缘末端设50m长衔接段，右缘末端设100m长衔接段。

(4) 2号串沟护底带工程：为了防止串沟冲刷发展，在串沟处布置2条护底带，护底带长度分别为992m、1202m，宽度为100m。2号串沟护底带左侧接陈家洲护岸，右侧接曹姑洲接岸护岸，接岸护岸长616m，护岸上下游分别设长50m、100m的衔接段。

(5) 陈家洲护岸工程：为了防止陈家洲右缘的崩退，为西华水道出流的稳定提供稳定的边界条件，在该处布置护岸工程进行守护，护岸工程长为2910m，上游端设450m长衔接段，下游端设50m长衔接段。

6.3　生态措施工程实践

按照"生态优先，绿色发展"的长江航道治理新理念，在芜裕河段航道整治工程设计中，在平面布置优化、结构优化、施工安排和环保措施落实等方面，全面贯彻落实生态航道建设原则，力求实现工程实施后的生态效益和航道效益之和最大化。在具体的工程措施上，生态工程定位于首先选择规避不利生态影响；不能规避影响的，选择保护和修复原生生态系统，利用削坡土进行固滩植草，营造局部滨水湿地，以及在护岸工程中采用生态型的护坡结构，改善护岸实施后的生态功能，与周边环境更加协调和和谐。

6.3.1　生态工程的内容

按照新时期长江航道建设的新要求，生态航道建设工程从三个层次优化方案：

(1) 规避环境影响。在方案设计时，主动规避不利于生态保护的工程方案和施工方案。在工程方案选择，特别是平面方案论证时，即与环保及生态专家充分沟通，摒弃对环境影响大的方案，尽可能追求航道治理效果和环境生态效益之和的最大化。在工程结构选择上，推荐和优选环保、生态效果好的材料及结构。在施工时间安排和施工工艺选择上，主动选择环境影响小、环保效果好的施工时间及施工工艺。另外，还要求施工单位严格落实环保施工要求、施工前采取驱鱼措施等规避不必要的环境损害。

(2) 不能规避环境影响的，积极开展生态修复工程。芜裕河段航道整治工程实施的主要内容为守护心滩和串沟，稳定滩槽格局，这就不可避免地需要占用水下河床和水上岸坡，工程措施必将对环境产生一些局部影响，这是不能规避的影响。针对水上和水下的影响，工程方案设计上积极采取措施减小环境影响，修复生态环境，补偿生态损失。在水下主要通过优化结构设计，选择对生态有利的工程结构和材料来营造和修复水生生境；在水上则通过实施生态护岸、植草绿化等改善和修复陆生环境;还通过增值放流等补偿工程引起的生态损失。

(3)主动作为,营造和改善生态环境。主要措施包括设置鱼巢砖为鱼类等水生生物提供一个安全的避难场所,也为鱼类提供了一个产卵环境;在合适的护岸区域增加黏性土壤,种植芦苇、荻草、野菱和芡实等野生水生湿生植物,为鱼类营造必要的栖息、繁殖、庇护生境,并可有效弥补工程建设对工程江段鱼类资源的影响;营造滨水湿地,在稳滩固沙的同时,在固滩区域种植野生水生湿生植物,洪水期固滩区域将全部淹没,且水流较缓,洪水期可为鱼类提供饵料。

6.3.2 规避环境影响措施

规避环境影响主要体现在方案平面布置优化、结构及材料选择、施工期安排、施工期环保措施落实等方面。

6.3.2.1 平面布置方案优化

在《长江干线"十三五"航道治理建设规划》和《长江流域综合规划(2012—2030年)》中,芜裕河段的治理方案均是对曹姑洲心滩进行全面守护,对曹姑洲心滩与曹姑洲间及曹姑洲与陈家洲间串沟实施封堵,以达到稳定心滩和串沟,稳定分流分沙比的目标。从河床演变分析和传统河道治理角度看,这样的方案是合适的,是符合一般航道整治的技术理论和有关规范的,但对于生态航道建设来说是存在问题的。从环保和生态的角度讲,洲间串沟是鱼类迁移和洄游的通道,需尽量保证其自然属性;洲头低滩是鱼类产卵和觅食的优良场所,应减少对其的干扰和破坏。按照"生态优先、绿色发展"的总基调,在芜裕河段航道整治方案的设计优化上,遵循"生态优先"整治原则,通过平面优化,主动规避不利生态影响,将曹姑洲心滩与曹姑洲间串沟作为生态通道予以保留,在心滩头部低滩护底的布置上,在兼顾生态和整治效果的前提下,尽量减小滩地占用面积,优化方案减小心滩头部水域占用面积12.62万 m^2,如图6-3、图6-4所示。

图6-3 工程可行性基础方案

图6-4 优化后设计方案

6.3.2.2 结构及材料选择

本工程的主要材料为块石、黄沙、卵石等天然建材,以及钢丝网格、三维加筋垫、透水框架等经过验证的环保合格、生态效果较好建筑材料,材料本身对环境影响小,工程实施后,能够与周边环境形成和谐共存关系,天然块石及透水框架等结构可为水生生物和底栖生物提供觅食和庇护场所,生态效果好。陆上护坡采用钢丝网格及三维加筋垫等结构,保持了岸坡稳定的同时,也保留了岸坡的连通性,有利于施工后地表植物的生长和恢复,属于环境友好型结构。

6.3.2.3 施工工期安排

按照环境影响评价报告结论,在本河段有:浮游植物计7门37属105种;浮游动物4类45属69种;鱼类52种,分别隶属于8目16科38属。工程江段是长江洄游鱼类的必经通道,工程江段分布的主要珍稀保护动物有中华鲟、江豚、胭脂鱼等。

根据环评结论,芜裕河段环境敏感区水上施工安排在10月至翌年2月,满足环保要求,同时配合一定的驱鱼、诱鱼措施,最大限度规避不利生态影响。中华鲟上溯洄游于6~8月经过本工程所在河段,产后亲鲟于12月底至翌年2月降河,1~3月经过工程河段,幼鲟于4~6月顺水下降经过本河段。工程涉水施工在10月至翌年2月,与亲鲟上溯和幼鲟下降时间错开。施工期与亲鲟下行有重叠,中华鲟下行进入工程所在芜裕江段时,将从曹姑洲、陈家洲两侧河道较深的水槽通过。曹姑洲心滩左缘护底带工程位于中华鲟亲鲟的洄游路线范围内,施工活动在其洄游路线范围内,施工期施工区域堆砌排体、抛投透水框架对其活动有一定影响,占用中华鲟洄游通道面积约0.5%。其他工程不涉及中华鲟洄游通道,工程实施不会阻碍其洄游。

6.3.2.4 施工期环保措施落实

按照环境保护部《关于长江下游芜裕河段航道整治工程环境影响报告书的批复》有关意见及《长江下游芜裕河段航道整治工程环境影响报告书》具体要求,在芜裕河段初步设计中对环保施工有关的施工措施进行了明确要求,对有关环保经费进行了逐项落实,并积极响应生态航道建设要求,开展有关生态保护的监测和科研工作,确保生态航道建设要求落到实处。

6.3.3 生态修复工程

生态修复工程措施主要是指为主动修复工程实施后工程区的局部生境,基于已有相关经验和认识,采用生态友好型工程结构。这包括对陆上岸坡进行生态恢复的生态型结构和绿化、在水下采用有利于鱼类生存和产卵繁殖的透水型结构等。

6.3.3.1 设计原则

基于本项生态工程的定位,以及本河段的自然条件、本航道整治工程的特点,确定生态工程的设计原则。

自然和谐:生态工程应与周边环境协调统一,固滩植草措施做到视觉景观上的自然过渡,不显生硬,同时不引入外来物种,营造出的湿地生境周边的水、滩、岸和谐统一。在护岸工程中采用生态型的护坡结构,能有效改善护岸实施后的生态功能,与周边环境更加协调和和谐。在水下工程中采用自然石材及带有较大空隙的透水框架结构,为鱼类及底栖生物提供觅食和庇护场所。

取材环保:建设生态工程要注重所取材料的环保属性,讲究就地取材,以削坡弃土为主;优先选用纯天然、可降解、无毒无二次污染的材料。

适应性强:本生态工程的主要内容为生态护坡及固滩植草,所形成的植被群落应对本地自然条件、水文情势具有较强的适应性,能够实现稳定增殖。

6.3.3.2 设计思路

本工程设计思路为:应用成熟的生态友好型工程结构,促进工程区生境再造;试点开展植草、植树固沙试验,营造多样化生态环境;系统实施生态监测及保护,确保施工期生态保护措施落实。总结经验,着眼于长远,为生态航道、绿色航道的建设奠定基础。

6.3.3.3 生态修复工程设计

本生态工程包括两个部分:生态护岸工程和透水框架结构。

1)生态护岸工程

生态护岸设计的基本理念是与自然生态相作用和相协调,将生态设计理念引入到航道建设中,能保证航道在满足航运功能的前提下,最大限度保护水岸生态环境、保持生态平衡,营造自然、和谐的水岸环境,促进内河水运的可持续发展。

生态护岸有展示自然植被面貌、维持生物多样性、净化改良航道水质、减风消浪能力强、建设成本低等诸多优点。同时,采用生态护岸,克服了原块石护坡和预制混凝土块护坡的呆板和生硬,实现工程与自然的协调统一。

在近年来的航道整治工程中,大量的护岸工程已采用了生态型的护坡结构,并取得了良好的效果,建设生态型护岸是今后航道整治工程建设的发展方向。本工程主要采用钢丝网格生态护岸结构、三维加筋垫和三维快速植生垫。

2)透水框架

已有的研究表明,采用透水结构的工程区域有利于鱼类、底栖动物和浮游动物的生长和繁殖;为鱼类等生物提供索饵、繁殖、生长、发育的场所,丰富鱼类生境,为鱼类产卵繁殖提供良好的生境。

因此,本工程充分吸收已建工程透水框架人工鱼礁的相关经验,在整治工程建筑物边缘设置具有人工鱼礁功能的鱼巢砖结构,对建筑物周边河床生态环境进行修复,改善动植物的生长环境。

按相关控制指标,并考虑结构自身稳定性,对生态工程设计如下:

(1)平面布置。

在曹姑洲心滩护岸工程、曹姑洲护岸工程及陈家洲护岸工程护坡均采用钢丝网格生态护岸结构。

在曹姑洲心滩护岸左缘的桩号 1+286 以下自然坡度小于 1:20,坡面土质主要为细沙区域,为了实现生态效益与固滩护岸效益的最大化,应用了快速植生型三维加筋垫,守护宽度 40~100m,面积约 62500m^2。

(2)结构方案。

①生态护岸工程。

钢丝网格具有整体性和透水性好、可适应变形、耐久、防水流冲刷和防浪、不破坏垫层、网垫内充填物选材范围广等优点,且由于石笼垫表面粗糙,泥沙易于落淤在石笼内,可以长出青草,起到环保绿化的效果。

三维加筋网垫不仅有较好的生态环保性能,而且具有结构轻型化的特点,适用于流速较缓区域。该结构质地疏松、柔韧、网垫具有合适的高度和空间;消能作用明显、固土性能优良、能促进泥沙落淤、有利于植被生长改善滩面生态环境,环保性较好;适应小规模变形、具有高抗拉强度、整体性好;造价相对较低。

三维快速植生垫是在三维加筋网垫基础上喷播高性能生态基材。生态基材中的植物生长促进剂含有丰富的土壤渗透剂、腐殖酸以及对土壤有益的微生物,能够提高土壤保水性和渗透性,更快地促进养分的吸收和转化,缩短种子发芽时间,加速根系发展壮大以及加速植被成坪;还能降低下部土层水分蒸发,保持土壤温度恒定,保持优越的植被生长成活环境,植被的生长成活率是裸露土壤的八倍,从而达到优异的植被恢复效果。

本工程主要采用钢丝网格和三维加筋网垫、三维快速植生垫生态护岸结构。形成钢丝网格护坡共 91300 m^2,三维加筋垫护坡共 22600 m^2,三维快速植生垫护坡 62510 m^2。

生态护岸结构示意如图 6-5 所示。

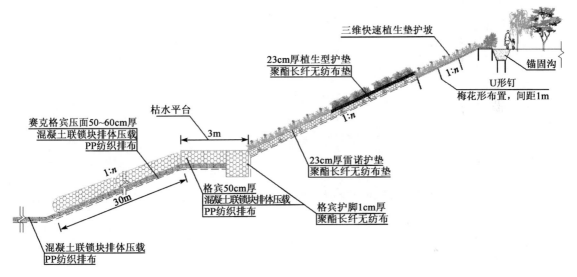

图 6-5 生态护岸结构示意图

② 人工鱼礁(透水框架)。

在曹姑洲心滩左缘护底带上、下游及 2 号串沟护底带的上、下游抛投透水框架结构,在促淤防冲的同时,也起到为鱼类和底栖生物提供觅食、休憩和产卵的场所。

预制混凝土透水框架由上下两部分组成,为四面六边体空腔结构。上部结构的杆件横截面为梯形+圆弧,截面两侧的宽度依然维持原设计 10cm×10cm 的尺寸;下部结构由 3 根杆件连接而成,杆件内只设置一根钢筋,钢筋长 231.4cm,杆件横截面为梯形,尺寸为 9cm×10cm×10cm。上部 3 根杆件内各设置 1 根 ϕ10mm 钢筋,钢筋长 75.17cm。钢筋均在混凝土内部,不外露。

本工程抛投透水框架共 24.3 万件,总面积为近 8.1 万 m^2。

6.3.4 生态改善工程

生态改善工程主要指单纯为改善生态环境而设置的部分工程,本工程中主要包括设置人工鱼巢和滩顶的生态固滩工程。

6.3.4.1 生态固滩工程

生态固滩工程设计主要考虑两项指标,其一是淹没期的长短,淹没期过长则可能导致先锋植被大量死亡,芦苇、狗牙根等本土植物能够适应的淹没期大概为3个月左右;其二是工程区流速,洪水期过滩流速若过大,即使有临时固土措施的保护,也可能造成土壤大量流失。

通过统计三峡水库175m蓄水运行以来芜湖站水位过程(表6-1)可以看出,水位超过6m的平均持续时间约103天,部分年份超过4个月,水位超过8m的天数为平均19天,考虑到曹姑洲心滩及曹姑洲滩顶的实际情况,在滩顶采用种草+植树方案作为坡顶后方守护及生态固滩工程措施基本满足要求。顶高程过低,滩面植被难以生长;顶高程过高,滩面过水时间短,其作为湿地的生态效应也难以充分发挥。

近年来芜湖站水位过程统计(天)　　　　　表6-1

项目	2009年	2010年	2012年	2013年	2014年	2015年	2016年	2017年
>6m	67	151	133	72	120	66	135	90
>7m	13	105	86	1	33	51	109	33
>8m	0	52	27	0	0	26	45	20
>9m	0	12	0	0	0	0	25	10

注:表中水位为85国家高程水位。

模型试验表明,曹姑洲心滩和曹姑洲滩头汛期流速基本在0.95m/s以内,对于这一流速,有植被生长的坡顶能基本维持稳定。

1)平面布置

生态固滩工程设置在曹姑洲心滩护岸头部截留沟后方,以及曹姑洲滩顶下游侧区域。曹姑洲心滩滩顶主要布置在护岸截留沟后,设置长度为2062m,宽度为50~170m范围,面积约142300m²;曹姑洲滩顶固滩工程布置在2号串沟护底带曹姑洲侧接岸护岸顶部,长度480m,宽度40~100m,面积约27200m²。

2)结构设计

(1)削坡土回填区。

在曹姑洲心滩头部利用本区域削坡土回填坡顶冲积沟。

在曹姑洲心滩头部将左缘削坡土填入截留沟后方低洼处,填土高程按照7m控制。在填土区表面采用三维加筋垫护面。

削坡土回填共利用弃土39800m³。

(2)土壤基质迁入及临时保护。

在填土区及下游段截留沟后方均匀铺设一层10cm的削坡弃土,作为植草的土壤基质。随后采用撒种、扦插的方式种植先锋植被。为增加滩顶固滩的生态效果及固滩长久稳定效果,在植草区采用扦插柳条,形成人工树林。

坡顶植草和植树工利用弃土16900m³,坡顶绿化面积17.1万m²,植树4800棵。

3）先锋植被的苗种繁育和植株插播、定植方法

根据荆江工程的经验，采用狗牙根、芦苇、三叶草三种植物作为植草区的先锋植被，植树可选择心滩自然生长易活树种——柳树。

三种植物和柳树的种植方法如下：

（1）狗牙根。

采用播种和根茎繁殖：选纯净度高、杂质少、发芽率高的种子，播种量为 $6\sim 8g/m^2$。播种后立即洒上粉粒覆土镇压，使种子与土壤充分接触，覆土厚度 $2\sim 4mm$。播种后采用雾化管浇水灌溉，并覆盖一层秸秆，减少水分蒸发，利于幼苗生长发育。

（2）芦苇。

将芦苇根状茎，截取 30cm 的小段，运往项目区进行栽植，每平方米栽植 6 根左右，当苗高达 30cm 以上时，进行浅水灌溉。

（3）三叶草。

在 3 月下旬或 9 月中旬播种，保证表土湿润或用覆盖物覆盖遮阴。三叶草建坪的播种量以 $8\sim 10g/m^2$ 为宜。每克三叶有 $1400\sim 2000$ 粒种子。播种时，按地块面积和确定的播种量等分种子，将种子与干土混匀，人工撒播。播种深度为 $1\sim 1.5cm$，种子撒入坪床后，可用草坪耙将种子耙入土中，也可用沃土或基质覆盖 1cm。

另外，为促进局部植物群落的健康发育，还需适量引入其他土著植被及土壤藻类，主要是采用少量迁入邻近高滩草皮的方式，见表 6-2。

先锋植被繁育方法及有关建议　　　　表 6-2

植被	狗牙根	芦苇	三叶草	其他土著植被及土壤藻类
种植方式	播种	扦插	播种	临近高滩上的草皮迁入
种植时间	3~4 月	3~4 月	3~4 月	2 月
种植密度	$6\sim 8g/m^2$	块茎切成 30cm 一段，6 段/m^2	$8\sim 10g/m^2$	采集面积约 $50m^2$，采集后，将草皮均匀地分散敷设在示范区内
田间管理	需要专职管理 1 名，每天定期检查，插播初期的 15 天内，每 2 天浇水一次，浇水以确保土壤湿润为宜，防范人畜干扰；插播前施一次底肥，$300\sim 375kg/hm^2$；苗种成活后 7d 内按照 $250\sim 300kg/hm^2$ 施一次追肥，以有机肥为宜，化水稀释后喷洒			
绳网覆盖时机	汛前铺设			

注：1. 土著植被及土壤藻类采用草皮迁入的方式引进，可尽早进行；草皮不宜集中采集，以避免造成采集地的水土流失；敷设草皮的同时，可按 $2g/m^2$ 左右的量适当撒播稗草草种。
　　2. 狗牙根是主要植入物种，不耐低温，建议在日最低气温回升至 6℃ 以上后播种扦插。
　　3. 春旱若有露头，应加强浇水，保持土壤湿润。

（4）柳树。

柳树种植间距一般不少于 3m，株行距 $6\sim 8m$ 为宜。种植柳树的方法主要有两种，一是扦插，扦插于早春进行，选择生长快、病虫少的优良植株作为采条母树，在萌芽前剪取 $2\sim 3$ 年生枝条，截成 $15\sim 17cm$ 长作为插穗。二是穴植，栽植苗木运到后先进行根系修剪，然后立即栽植。修剪时要科学合理，截口一定要平滑。

6.3.4.2 人工鱼巢

已有研究成果显示,采用透水结构的工程区域有利于鱼类、底栖动物和浮游动物的生长和繁殖;为鱼类等生物提供索饵、繁殖、生长、发育的场所,丰富鱼类生境,为鱼类产卵繁殖提供良好的生境。

根据已建工程透水框架人工鱼礁及鱼巢砖的相关经验,在整治工程建筑物边缘设置具有人工鱼礁功能的透水框架、鱼巢砖结构,可对建筑物周边河床生态环境进行修复,改善动植物的生长环境。

本工程中在曹姑洲心滩护岸下游衔接段和 2 号串沟陈家洲侧护岸衔接段设置了两处各 50m 长的鱼巢砖带,共设置鱼巢砖 100 件(图 6-6)。

图 6-6　透水结构

6.3.5　新型生态结构及材料

6.3.5.1　方案概述

芜裕河段航道整治工程采用三维快速植生垫生态护岸结构(图 6-7),三维快速植生垫护坡 62510m²。

图 6-7　三维快速植生网垫结构图

该河道流速 1m/s 左右,边坡坡度较缓,坡度 1∶5 甚至更缓,整体基本稳定;以枯水平台为界,平台以上部分边坡被水持续淹没时间在 1~6 个月,部分边坡持续淹没时间在一个月左右;

此次方案设计根据不同坡段的水力及水文条件,结合工程实际施工经验,提出设计方案。

6.3.5.2 河床及边坡的防护说明

防护方案以枯水平台为界进行说明:

(1)平台以上边坡:坡脚采用格宾护脚,水位持续淹没3~4个月及以上时间的坡段采用23cm厚雷诺护垫护坡,坡脚采用格宾护脚;持续淹没时间在1~3个月时间的护坡采用23cm厚植生型护垫;持续淹没时间在0.5个月左右的护坡采用三维快速植生垫;植生型护垫及三维快速植生垫在施工后需保证一个月以上不被水淹没,保证植被充分生长,植物种搭配可考虑耐水较好的狗牙根或芦苇等;护脚格宾后部、雷诺护垫及植生型护垫底部均需铺设聚酯长纤无纺布反滤。

(2)平台以下防护:主要采用混凝土联锁块排布护砌,排布顶部一定长度水平锚固于枯水平台后采用格宾压护,枯水平台以下30m斜长范围的排布采用赛克格宾进行压护。

(3)三维快速植生垫:采用U形钉固定于坡面,坡顶设锚固沟或采用木楔固定,底部与植生型护垫绞合连接为整体,U形钉采用$\phi 8mm$钢筋制作,梅花形布置,间距1m,铺设结束后进行高性能生态基材喷播及适当覆土养护。

(4)植生型护垫:护垫内填充17cm厚石料后,将填石空隙内填土填充饱满后,再填充6cm厚营养土(含草籽),然后盖上盖板,喷播高性能生态基材后覆盖5cm厚营养土进行适当养护。

(5)雷诺护垫+格宾护脚:护垫填充23cm厚石料,需填充饱满无石料松动凹陷区域,底部采用格宾护脚,格宾与雷诺护垫铰接为整体;相关技术参数见细部构件图。

(6)赛克格宾+格宾压护:混凝土联锁块排布施工后,对平台以下30m范围进行赛克格宾压护,排布平台水平锚固段采用格宾压护。

6.3.5.3 防护结构的技术特点

1)柔性结构设计

特有的柔性结构设计及高伸张率的低碳钢丝使得雷诺护垫等结构具有很强的柔韧性及变形能力,尤其能够适应基础的不均匀沉降。同时,这种特点使其能够均匀地分散部分地区冻胀产生的应力,不致如传统刚性结构一样产生局部破裂,并逐步扩散。

2)生态环保性

首先整体结构并没有采用任何污染性材料,结构主材料石材为自然界中寻找,附加的限制性材料钢丝网对于自然也没有任何污染。而由于结构内存在较多的填石孔隙,这样一来可以实现河水和结构后土体的自由水交换,增强水体的自我净化能力,改善水质。二是为各类水生动植物提供生存空间,维持生态系统的平衡,建设生态水利工程。三是不需要水泥等污染水质和环境的人工材料,对环境不会造成太大的破坏,且自然界易于修复这种工程破坏。

3)自透水性

各防护结构具有天然的透水性,一是可以迅速降低结构后填土内由于降雨等原因导致的过高地下水位,消散孔隙水压力,维持土体强度,降低发生滑坡的危险。二是无需传统结构的排水设施,节省工序,加快施工效率。三是可以加强水体交换能力,促进植被生长和生态系统的恢复。

4) 耐久性

采用镀高尔凡方式进行防蚀处理的钢丝具有较强的耐久性能。防护结构均由具有优良防腐性能的钢丝经过机械编织、组装而成,优良的镀层工艺和编织技术,保证了镀层厚度的均匀性和抗腐蚀性。

5) 抗冲刷性

多孔隙结构可保证:一方面在风浪打在结构上时,真空压力被化解,风浪退时产生的真空吸力也被破坏,能有效地达到防浪效果,并且结构本身的抗水流冲刷能力较强;另一方面可以迅速沉积土壤,促进植被生长,利用绿色植被降低水流对结构的冲刷。

6) 施工便捷,效率高

雷诺护垫等结构可按设计图,工厂化生产制作出半成品,施工现场按施工图进行组装定型。操作简便、工序少、无需特殊的技术工人、受气候干扰小,整体施工效率颇高且效果易于保证。在有机械进行配合的时候,更能够加快施工进度。工人无需特别培训。同比此类结构,施工效率很高,也就是说,可以大大缩短施工周期。

6.4 小　　结

(1) 按照"生态优先,绿色发展"的长江航道治理新理念,在平面布置优化、结构优化、施工安排和环保措施落实等方面,全面贯彻落实生态航道建设原则,力求实现工程实施后的生态效益和航道效益之和最大化。

(2) 提出了生态航道建设技术,包括生态规避措施、生态修复工程、生态改善工程、新型生态结构及材料等。依托芜裕河段航道整治工程设计,在具体的工程措施上,生态工程定位于首先选择规避不利生态影响;不能规避影响的,选择保护和修复原生生态系统,利用削坡土进行固滩植草,营造局部滨水湿地,以及在护岸工程中采用生态型的护坡结构及新型生态材料,改善护岸实施后的生态功能,与周边环境更加协调和和谐。

第7章 结 论

针对新水沙条件下长江中下游分汊河段存在的滩槽格局调整剧烈,通航汊道交替时有发生,航道条件难以长期稳定的问题开展研究。通过分析三峡蓄水运用后长江中下游水沙特性,分析分汊河段河床变化特点及对航道条件响应规律;考虑多分汊河段多目标水深通航尺度要求,提出通航汊道选取方法及整治参数确定方法;研究了调控滩槽格局的工程区、工程类型及平面布置;提出分汊河段滩槽调控不同类型工程设计方法。主要结论如下:

(1)分析了三峡运行后长江中下游分汊河段演变特征及航道响应规律。

从分汊河段演变特征及航道条件变化来看,三峡试验性蓄水后,由于分汊河段航道的主要控制边界如江心洲洲头及边滩的萎缩,造成分汊河段分流处河道展宽、水流摆动空间增大,影响航槽位置及水深的稳定;同时,滩槽周期性变化,在滩槽形态不良时期易在汊道口门、放宽段、过渡段等处形成浅滩碍航。

(2)提出了多汊通航条件下通航汊道选取及整治参数确定方法。

分汊型河流是冲积平原河流的常见河型,分汊河段水沙条件常不稳定,洲滩不稳甚至主支汊易位,对航道建设和维护产生不利影响,因此,分汊河段的通航汊道选择是分汊河段航道整治的首要问题。本书通过提炼总结已有选汊工程经验,结合分汊河段特征,提出了多汊通航条件下通航汊道选择的选汊原则和评价因素。

(3)提出了满足分汊河段多目标水深通航尺度要求的整治水位和整治线宽度联合确定方法。

现有航道整治参数确定方法虽然认识到整治水位和整治线宽度是相互联系的,但两者之间的具体关系仍无法明确,这对于分汊河段,特别是存在多汊通航利用要求的河段是极不适应的。鉴于此,针对分汊河段多汊水深利用需求,基于"同一浅滩在不同整治参数组合下达到相同整治效果"的概念,以浅滩整治的泥沙输运量为结点,提出了联合的整治水位和整治线宽度确定关系,建立了整治参数与多目标通航尺度的关系。

(4)基于定量联动判别指标,提出航道整治工程区确定方法。

三峡水库蓄水后,上、下游之间的河势关联性逐渐凸显,随着上游大型水库群的运用,关联性还将进一步加剧。以往的航道整治工程工程区一般设置在本河段内,考虑到上、下游河势关联性,对联动性强的河段,在上游设置工程区,减缓或避免上游河势调整对整治河段的影响,可以达到事半功倍的效果。提出了一种基于定量指标的工程区选择方法,首先定量计算整治河段上下游联动指标,用以判断是否需要上、下游联动治理。当研究河段联动指标≥1时,需要将上、下游河段作为一个工程区主体,从上至下进行联动整治。当研究河段联动指标<1时,采取单滩治理措施。

(5)定量研究了守护型工程可达到的最大航道目标计算式。

对于长江中下游分汊河段守护型工程，建立了守护工程实施后所能达到的最大航深数学表达公式，将其与目标航深进行对比，若大于目标航深，可考虑采用守护型工程；若小于目标航深，意味着守护型工程对航道条件的改善强度不足，必须选用强度更高的调整型工程，本项成果可用于工程初步可行性评价阶段，为初步判断与整治目标相适应的工程类型提供理论基础。

（6）提出了一种适用于分汊河型的调整型工程主尺度确定方法。

对于长江中下游分汊河段调整型工程，为克服以往航道整治建筑物设计中主尺度依赖整治参数确定而仅适用于正常过渡段浅滩的不足，采用流带法提出了一种适用于分汊河型的调整型工程主尺度确定方法，其步骤包括：根据河道地形图和大致的流向选定浅区处的计算断面；根据地形变化特点将各断面沿河宽划分成流量大致相等的流带；根据造床流量法确定研究河段的整治水位；计算工程前浅区断面常数和各流带流速；假定不同类型航道整治工程的主尺度参数，计算各类工程实施后浅区断面的流速变化值；计算工程实施后各流带的流速值；计算工程实施后各流带内的水深；对比航槽水深与设计航深，若航槽内的最小水深大于或小于设计航深的要求，调整航道整治建筑物的主尺度，按上述步骤重复进行计算，直至航槽内的最小水深达到设计航深时为止，航道整治建筑物的主尺度即可确定。

（7）基于提高航槽冲刷效率的丁坝护底范围确定方法研究。

现有护底范围计算均是建立在局部冲刷坑的冲刷深度预测的基础上，目的是维持建筑物的稳定性，均未考虑丁坝护底可压缩一般性的无效冲刷范围，以达到增加丁坝有效作用效率这一重要功能。为研究护底的这一功能，并提出其确定方法，开展了二维束流数学模型计算和物理模型典型河段局部冲刷试验，分析了护底对于提高丁坝效率的效果，并在此基础上，进一步提出基于提高航槽冲刷效率的丁坝护底范围确定方法。

（8）初步探索了长江中下游典型分汊河段生态航道建设技术。

依托芜裕河段航道整治工程设计，在具体的工程措施上，生态工程定位于首先选择规避不利生态影响；不能规避影响的，选择保护和修复原生生态系统，利用削坡土进行固滩植草，营造局部滨水湿地，以及在护岸工程中采用生态型的护坡结构及新型生态材料，改善护岸实施后的生态功能，与周边环境更加协调和和谐。

参 考 文 献

[1] Flavio M V, Susana L D P, Marcelo A S. Analysis of the global warming dynamics from temperature time series[J]. Ecological Modelling, 2010, 221(16): 1964-1978.

[2] 董哲仁. 生态水工学探索[M]. 北京:中国水利水电出版社, 2007.

[3] 戴仕宝, 杨世伦, 赵华云, 等. 三峡水库蓄水运用初期长江中下游河道冲淤响应[J]. 泥沙研究, 2005(10): 52-56.

[4] 李义天, 孙昭华, 邓金运. 论三峡水库下游的河床冲淤变化[J]. 应用基础与工程科学学报, 2003, 11(3): 283-294.

[5] 张俊勇, 陈立, 王家生. 河型研究综述[J]. 泥沙研究, 2005(4):76-81.

[6] 许炯心. 砂质河床与砾石河床的河型判别研究[J]. 水利学, 2002(10):14-20.

[7] 王平义. 河型分类的模糊数学方法[J]. 成都科技大学学报, 1990(1):83-87.

[8] 王随继, 任明达. 根据河道形态和沉积物特征的河流新分类[J]. 沉积学报, 1999, 17(2):2140-246.

[9] 何萍, 史培军, 刘树坤, 等. 河流分类体系研究综述[J]. 水科学进展, 2008, 19(3):434-442.

[10] 周刚, 王虹, 邵学军, 等. 河型转化机理及其数值模拟-I. 模型建立[J]. 水科学进展, 2010, 21(2): 145-152.

[11] Taylor E H. Flow characteristics at rectangular open-channel junction[J]. Transaction of the American Society of Civil Engineers, 1994, 109: 893-912.

[12] Law S W, Alan J, Reynolds. Diversion flow in an open channel[J]. Journal of Hydraulics Division, 1966, 92(2): 207-231.

[13] Amruthur S, Ramamurthy, Duc M T, et al. Division flow in open channels[J]. Journal of Hydraulic Engineering, 1990, 116(3): 449-455.

[14] 罗福安, 梁志勇, 张德茹. 直角分水口水流形态的实验研究[J]. 水科学进展, 1995, (1):71-75.

[15] 余文畴. 长江中下游河道水力和输沙特征的初步分析:初论分汊河道形成条件[J]. 长江科学院院报, 1994, 11(4):16-22.

[16] 刘忠保, 丁君松. 分汊河道床面阻力规律探讨[J]. 武汉大学学报(工学版), 1992, 25(2):46-51.

[17] 佟二勋. 关于目前分流分沙的研究成果综述[J]. 水利水电技术, 1962(9):39-48.

[18] 丁君松, 邱凤莲. 汊道分流分沙计算[J]. 泥沙研究, 1981(1):3-5.

[19] 秦文凯, 府仁寿, 韩其为. 汊道悬移质分沙模型[J]. 泥沙研究, 1996(3):21-29.

[20] 余新明, 谈广鸣, 张悦, 等. 分汊河道水沙输移特征试验[J]. 武汉大学学报(工学版), 2007, 40(4):9-12.

[21] Nikora V I, Sapozhnikov V B, Noever D A. Fractal geometry of individual river channels and its computer simulation[J]. Water Resources Research, 1993, 29(10): 3561-3568.

[22] Walsh J, Hicks D M. Braided channels: Self-similar or self-affine?[J]. Water Resources Research, 2002, 38(6): 18-1-18-6.

[23] Ashmore P. Intensity and characteristic length of braided channel patterns[J]. Canadian Journal of Civil Engineering, 2009, 36(36): 1656-1666.

[24] Chalov S R, Alexeevsky N I. Braided rivers: structure, types and hydrological effects[J]. Hydrology Research, 2015, 46(2): 258-276.

[25] 陈宝冲. 河型分类[J]. 泥沙研究, 1992(1):100-104.

[26] 钱宁, 张仁, 周志德. 河床演变学[M]. 北京:科学出版社, 1987.

[27] 陈立, 仰雨菡, 陈珊, 等. 鹅头分汊河段汊道交替演变动力和周期的变化分析[J]. 水力发电学报, 2014,

33(4):126-131.

[28] 倪晋仁,马蔼乃.河流动力地貌学[M].北京:北京大学出版社,1998.

[29] Nanson G C, Huang H Q. Least action principle, equilibrium states, iterative process and stability of river channels[J]. Earth Surface Processes and Landforms, 2007, 33(6): 923-942.

[30] 尹国康,陈宝冲.从河相关系探讨长江冲积河床的自动调整[J].泥沙研究,1983,(3):32-41.

[31] 方宗岱.河型分析及其在河道整治上的应用[J].水利学报,1964,(1):1-12.

[32] 童朝锋.分汊口水沙运动特征及三维水流数学模型应用研究[D].河海大学,2005.

[33] 高进.冲积河流的汇合与分流[J].地理学报,1994,(5):429-439.

[34] 严以新,葛亮,高进.最小能耗率理论在分汊河段的应用[J].水动力学研究与进展,2003,18(6):692-697.

[35] 陈立,周银军,闫霞,等.三峡下游不同类型分汊河段冲刷调整特点分析[J].水力发电学报,2011,30(3):109-116.

[36] 姚仕明,余文畴,董耀华.分汊河道水沙运动特性及其对河道演变的影响[J].长江科学院院报,2003,20(1):7-9.

[37] Picco L, Mao L, Cavalli M, et al. Evaluating short-term morphological changes in a gravel-bed braided river using terrestrial laser scanner[J]. Geomorphology, 2013, 201: 323-334.

[38] Mohammad Nazim UDDIN, Md Munsur RAHMAN. Flow and erosion at a bend in the braided Jamuna River[J]. International Journal of Sediment Research, 2012, 27: 498-509.

[39] Schuurman F, Kleinhans M G, Middelkoop H. Network response to internal and external perturbations in large sand-bed braided rivers[J]. Earth Surface Dynamics, 2015, 3: 197-250.

[40] 张为,李义天,江凌.三峡水库蓄水后长江中下游典型分汊浅滩河段演变趋势预测[J].四川大学学报(工程科学版),2008,40(4):17-24.

[41] 孙昭华,韩剑桥,黄颖.多因素变化对三峡近坝段浅滩演变的迭加影响效应[J].水科学进展,2014,25(3):366-373.

[42] Xiao Y, Yang S F, Chen W X, et al. Brief Communication: 2-D numerical modeling of the transformation mechanism of a braided channel[J]. Nonlinear Processes in Geophysics, 2014, 1: 953-975.

[43] Millar R G. Theoretical regime equations for mobile gravel-bed rivers with stable banks[J]. Geomorphology, 2005, 64: 207-220.

[44] 吴保生.冲积河流河床演变的滞后响应模型-I 模型建立[J].泥沙研究,2008,(6):1-7.

[45] 夏军强,王光谦,吴保生.黄河下游河床纵向与横向变形的数值模拟-I 二维混合模型的建立[J].水科学进展,2003,14(4):396-400.

[46] 陈绪坚,胡春宏.河床演变的均衡稳定理论及其在黄河下游的应用[J].泥沙研究,2006,(3):14-22.

[47] 董耀华,党祥.河道稳定性概论[J].水利电力科技,2012,38(1):1-14.

[48] 邵学军,王兴奎.河流动力学概论[M].北京:清华大学出版社,2005.

[49] 杨燕华,乐培九,张明进.黄河河相关系一个突出的特点及其机理初探[J].水道港口,2015,36(2):126-132.

[50] Langbein W B, Leopold L B. River meanders-theory of minimum variance[N]. US: Geological Survey Professional Paper, 1966.

[51] 徐国宾.非平衡热力学理论在河流动力学领域中的应用[D].天津:天津大学,2002.

[52] Yang C T. Potential energy and stream morphology[J]. Water Resources Research, 1971, 7(2): 311-322.

[53] Yang C T, Song C C S. Theory of minimum rate of energy dissipation[J]. Journal of the Hydraulics Division, 1979, 105(7): 769-784.

[54] 黄万里.水动力-热动力学的极值定律[J].应用数学和力学,1983,4(4):469-476.

[55] Paker G. Self-formed straight rivers with equilibrium banks and mobile bed: Part I, The Sand-silt River[J]. Journal of Fluid Mechanics, 1978, 89: 109-125.

[56] Paker G. Self-formed straight rivers with equilibrium banks and mobile bed: Part II, The Gravel River[J]. Journal of Fluid Mechanics, 1978, 89: 127-146.

[57] Julien P Y, Wargadalam J W. Alluvial Channel Geometry: Theory and Applications[J]. Journal of Hydraulic Engineering, 1995, 121(4): 312-325.

[58] Huang H Q, Nanson G C. Hydraulic geometry and maximum flow efficiency as products of the principle of the least action[J]. Earth Surface Processes and Landforms, 2000, 25(1):1-6.

[59] Huang H Q, Nanson G C. A stability criterion inhere in basic flow relations[J]. Earth Surface Processes and Landforms, 2002, 27: 929-944.

[60] Huang H Q. Reformulation of the bed load equation of Meyer-Peter and Muller in light of the linearity theory for alluvial channel flow[J]. Water Resources Research, 2010, 46(9): 2095-2170.

[61] Huang H Q, Deng C Y, Nanson G C, et al. A test of equilibrium theory and a demonstration of its practical application for predicting the morphodynamics of the Yangtze river[J]. Earth Surface Processes and Landforms, 2014, 39(5): 669-675.

[62] 冷魁,罗海超,等.长江中下游鹅头型分汊河道的演变特征及形成条件[J].水利学报,1994(10):82-89.

[63] 余文畴.长江下游分汊河道节点在河床演变中的作用[J].泥沙研究.1987(4):12-21.

[64] 中国科学院地理研究所,等.长江中下游河道特性及其演变[M].北京:科学出版社,1985.

[65] 谢鉴衡.河床演变及整治[M].北京:中国水利水电出版社,1990.

[66] 罗海超.长江中下游分汊河道的演变特点及稳定性[J].水利学报,1989(6):10-19.

[67] 尤联元.分汊型河床的形成与演变——以长江中下游为例[J].地理研究,1984(4):12-22.

[68] 余文畴.长江中下游河道水力和输沙特性的初步分析——初论分汊河道形成条件[J].长江科学院院报,1994,11(4):16-22.

[69] 许炯心.汉江丹江口水库下游河床调整过程中的复杂响应,科学通报,1989(6):450-452.

[70] 尤联元,金德生.水库下游再造床过程的若干问题[J].地理研究,1990(4):38-48.

[71] 潘庆燊,曾静贤,欧阳履泰.丹江口水库下游河道演变及其对航道的影响[J].水利学报,1982,(8):54-63.

[72] 曹文洪,陈东.阿斯旺大坝的泥沙效应及启示[J].泥沙研究,1998,(4):79-85.

[73] 姜加虎,黄群.三峡工程对其下游长江水位影响研究[J].水利学报,1997(8):39-43.

[74] 韩其为,何明民.三峡水库修建后下游长江冲刷及其对防洪的影响[J].水力发电学报.

[75] 潘庆燊,杨国录,府仁寿.三峡工程泥沙问题研究[M].北京:中国水利水电出版社,1999.

[76] 江凌,李义天,孙昭华,等.三峡工程蓄水后荆江沙质河段河床演变及其对航道条件的影响[J].应用基础与工程科学学报,2010,18(1):1-10.

[77] 刘国纬.论江河治理的地学基础-以长江中游为例[J].中国科学(E辑),2007,37(9):1175-1183.

[78] 常航.美国密西西比河航运开发的启示[J].综合运输,2004,(7):1-5.

[79] 易源.抗日战争时期珠江流域西江上中游的航道整治[J].人民珠江,1992,(5):47-48.

[80] 徐治中,李枫.近几十年来东江下游航道水沙变化及河床演变特征[J].中国水运,2011,11(8):166-170.

[81] 彭鹏飞.北盘江航道整治线宽度[J].水运工程,1993,(10):32-35.

[82] 钟放平.湘江航道建设中几个滩险的整治[J].湖南水利,1997,(5):30-33.

[83] 张长海.赣江南昌至湖口段航道特性和整治工程体会[J].水运工程,1995,(8):19-24.

[84] 王宝儒.汉江(襄樊至汉口)航道整治工程回顾[J].水运工程,1998,(7):27-30.

[85] 雷培成,张雨耕.汉江航道整治工程成就及思考[J].中国水运,1996,(11):13-15.
[86] 李义天,刘怀汉,李国祥,等.长江中下游河道演变机理和枯水航槽塑造的理论与实践[R].长江航道局,武汉大学,2012.
[87] 张华庆,刘万利,白玉川,等.长江中下游复杂分汊河段通航主汊引导恢复技术与实践[R].交通运输部天津水运工程科学研究所,天津大学,长江航道局,2015.
[88] 张明进,张华庆,白玉川.我国河流水流泥沙数值模拟技术进展与应用[J].水道港口,2011,32(5):329-335.
[89] 刘怀汉,张为,李青云,等.长江中下游分汊河段航道整治关键技术研究及应用[R].长江航道局,武汉大学,长江航道规划设计研究院等单位.
[90] 闵朝斌.关于最低通航设计水位计算方法的研究[J].水运工程,2002,1:29-33.
[91] 王秀英,李义天.设计最低通航水位确定方法研究[J].中国水运,2004,3:6-10.
[92] 刘建民.整治水位与整治线宽度及其走向的研究[J].水道港口,1998(4):1-13.
[93] 刘建民.冲积性河流浅滩整治水位与整治线宽度确定[J].水道港口,2005:83-86.
[94] 王秀英.冲积河流航道整治设计参数确定方法研究[D].武汉:武汉大学,2006.
[95] 张幸农,孙波.冲积河流航道整治线宽度的研究[J].泥沙研究,2002(5):48-53.
[96] 蒋忠绶.湘江航道整治的基本理论和主要经验[J].长沙交通学院学报,1991,7(4):44-53.
[97] 丁君松,杨国禄,熊治平.分汊河段若干问题探讨[J].泥沙研究.1981(04):39-50.
[98] 乐培九,李旺生,杨细根.丁坝回流长度[J].水道港口,1996(2):3-9.
[99] 张明进.新水沙条件下荆江河段航道整治工程适应性及原则研究[D].天津:天津大学,2014.